방송국에서
드라마 파는
여   자

지은이 **송효지**

고려대학교 영어영문학과를 졸업하고 MBC 입사 후 현재 미디어전략본부에서 10년째 콘텐츠 판매 협상을 하고 있다. 전 세계에 드라마와 예능 콘텐츠를 수출하며 한류를 전파하였고 지금은 국내 플랫폼들과의 협상을 담당하고 있다.

이메일 bookwith626@gmail.com
인스타그램 **dawnwisdom7**

방송국에서 드라마 파는 여자

초판 1쇄 발행 _ 2022년 6월 15일
초판 2쇄 발행 _ 2024년 1월 10일

지은이 _ 송효지

펴낸곳 _ 바이북스
펴낸이 _ 윤옥초
책임 편집 _ 김태윤
책임 디자인 _ 이민영

ISBN _ 979-11-5877-301-4 03190

등록 _ 2005. 7. 12 | 제 313-2005-000148호

서울시 영등포구 선유로49길 23 아이에스비즈타워2차 1005호
편집 02)333-0812 | 마케팅 02)333-9918 | 팩스 02)333-9960
이메일 bybooks85@gmail.com
블로그 https://blog.naver.com/bybooks85

책값은 뒤표지에 있습니다.

책으로 아름다운 세상을 만듭니다. ─ 바이북스

미래를 함께 꿈꿀 작가님의 참신한 아이디어나 원고를 기다립니다.
이메일로 접수한 원고는 검토 후 연락드리겠습니다.

하이퍼리얼리즘
협상 에세이

방송국에서
드라마 파는
여 자

| 송효지 지음 |

바이북스
ByBooks

협상을 이렇게 쉽고 재밌게 가르쳐주는 책이 있었나? 마치 소설을 보듯 저자의 협상 스토리를 따라가다 보면 일상에서 또는 비즈니스 현장에서 만나는 협상의 거의 대부분을 맛보게 된다. 술술 읽히지만 그 속엔 협상의 전문 기술이 스며들어있다. 이 책을 읽는 독자들은 협상에 대한 자신감은 물론 협상에 대한 관심 또한 생길 것이다. 협상 관련 어떤 입문서도 이보다 좋을 순 없다!

• 최동하(단국대학교 경영대학원 협상학과 교수)

'그녀는 프로다'

MBC 미디어사업국 국장과 국원으로 만났을 때도 느꼈지만 이 책을 읽으면서 확실해졌다. 그녀는 프로다. 프로는 아름답다. 책장을 넘기다 보면 마치 드라마의 한 장면처럼 해외 바이어와 마주 앉아 있는 송 차장이 보인다. 그녀는 밀당의 귀재다. 바이어로 하여금 송 차장이 들고 나온 프로그램과 사랑에 빠지게끔 만든다. 콘텐츠 비즈니스의 최전선에서 10년 동안 갈고 닦은 영업 비밀이 고스란히 담겨있다.

이 책이 주는 또 하나의 즐거움은 작가의 빛나는 글발이다. 지난한 협상 과정을 마치 연애소설 쓰듯 가슴 설레게, 흥미진진하게 풀어놓는다. 인문학에 대한 내공을 보여주는 보석 같은 문장들이 곳곳에 숨어 있다. 송 차장, 여태껏 글 안 쓰고 어떻게 참고 살았어?

• 권석(MBC America 대표)

협상학의 살아 있는 교본인 Medvec 박사와의 인연을 계기로 미국에서, 프랑스에서, 중국에서 협상을 성공적으로 하는 법을 가르쳐왔다. 상대방의 감정을 건드려 협상을 승리로 이끄는 법을 나눈다는 송 차장의 책을 읽으며 신선한 충격을 받았다. 저자 자신은 감정에 대한 접근법이라고 말하지만 그 내용을 들여다보면 유수의 경영학자들이 검증한 효과적인 전략을 풀어내고 있기 때문이다. 고유의 성격과 경험을 통해 이렇게 효율적인 전략을 발견하고 실현해왔다면, 송 차장은 정말 타고난 협상가임이 분명하다.

모든 경영전략은 잘 진단하고 잘 수립하는 것 못지않게 잘 실행하는 것이 중요하다. 협상에 임하는 많은 실무자들이 완벽한 분석을 통해 협상을 유리하게 이끌 수 있는 목표와 접근법을 준비한 경우에도, 상대방의 반응에 따라 협상이 뜻대로 흘러가지 않는 경우가 종종 있다. 저자의 풍부한 경험을 바탕으로 제시된 다양한 소프트 스킬은 협상전략을 성공적으로 실행할 수 있게 도와줄 수 있을 것으로 확신한다. 쉽고 재미있게 읽히며 유용하기까지 한 이 책을 협상에 관심 있는 다양한 독자들에게 추천한다.

• 이수경(Kean University 경영전략 교수)

나는 대한민국 외교관으로서 크고 작은 협상의 자리에 설 수 있었다. 외교 협상의 목표는 국가 이익의 달성이지만, 협상장에서 벌어지는 광경은 단순히 이익을 따지는 일이 아니다. 사전 정보수집과 이해계산으로 무장한 협상가는 협상의 자리에선 상대의 "마음을 얻는" 예술가가 되어야 한다. 송 차장은 자신의 경험을 통해 이러한 협상의 진수를 정확히 짚어내고 이를 흥미진진한 경험담으로 쉽고 명쾌하게 풀어냈다. 협상에 관심 있는 독자들에게 이 책을 강력 추천한다.

• 박유진(외교관)

하버드 경영대학원 교수나 실리콘밸리의 CEO가 쓴 협상서는 모두 버려라!

직장인이 업무에서 부딪히는 일들에 진짜 도움되는 것은 하버드 경영대학원 교수나 CEO가 쓴 협상 서적이 아니라 송 차장의 협상 에세이다. 무게 잡지 않았지만 가볍지도 않은 협상 에피소드들이 직장인이 직면하는 리얼 협상이다. '리얼한 에피소드'와 감정의 교류라는 '현실적 솔루션'에 '재미'까지 다잡은 이 책을, 협상을 앞두고 어마어마한 전략을 통해 상대방에게 한 방의 어퍼컷을 날리겠다며 전의를 다지는 협린이(협상 어린이들)에게 권한다.

• 이창훈(SK브로드밴드 콘텐츠 담당 임원, 《글로벌 미디어 공룡들의 전쟁》 저자)

방송국에서 드라마 파는 여자

글에 색깔이 묻어있다. 치열한 협상의 과정이 담담하고 잔인하지 않으며, 무례한 바이어를 응대하는 모습은 북극의 얼음보다 차갑고 건조한 계약서 이면에 담긴 그녀의 배려가 따뜻하다. 각각의 에피소드를 읽어 가다 보면 한 편의 매력적인 드라마를 보는 것 같다. 여주를 '추앙'하지 않을 수 없는…….

• 박현호(스튜디오델타 대표)

"오늘 점심 뭐 먹을까?" 우리 삶 속 대부분의 결정은 어쩌면 협상일지도 모르겠습니다.

다양한 플랫폼 속에서 수많은 콘텐츠가 공존하는 요즘, 송 차장의 생생한 경험담은 이 분야를 꿈꾸는 이들에게 따뜻한 선배의 조언이 됩니다. 방송국의 뒷이야기까지 생생한 깐느로 독자들을 초대합니다!

• 허일후(MBC 아나운서)

변호사로 일하면서 매 순간 협상의 절실함을 느낍니다. 의뢰인에게 적정한 보수를 받기 위해서, 판사에게 우리 의뢰인의 억울함을 이야기해 승소하기 위해서, 상대방과 어떻게든 합의를 이끌어내서 분쟁을 빨리 종결시키기 위해 등 모두 협상이 필요합니다. 그래서 이 책은 더 흥미롭게 다가왔습니다.

이 책은 협상장에 들어가기 전부터 시작해서, 협상장에서 상대방에 따라 어떻게 대처해야 하는지를 재치 있는 언어와 실제 사례를 통해 쉽게 설명해 주고 있습니다. 특히, 협상에서 이긴다는 것은 결국 양쪽 모두 '손해 보지 않았다'는 생각이 들어야 한다는 것, 그리고 상대방을 좋은 사람으로 믿어주고 그렇게 대하면 상대방은 정말로 나에게 좋은 사람이 된다는 저자의 가르침에 저의 선입관과 편견이 모두 깨어지는 기분이 듭니다. 저자의 현명한 가르침 덕분에 저도 보다 나은 내일을 만들 수 있을 것 같습니다.

• 이수지(법무법인 창경 변호사)

한류! 생각만 해도 자랑스럽다. 세계인의 감성을 사로잡는 작가의 스토리라인, 연기자들의 표현력과 방송국의 연출력, 이것이 전부인 줄로만 알았다. 하지만 이것으로 끝이 아니었다. K 드라마가 세계 시장에서 제 값으로 빛나도록 발로 뛰는 협상가의 몫으로 결실이 더해진다.
K 콘텐츠를 세계에 보급한 협상가의 전략 너머에는 무엇이 있을까? 책 속의 생생한 사례를 통해 이러한 협상 태도를 엿볼 수 있다. 마치 자서전적 소설 같은 느낌의 '소프트한 감성'으로 협상을 하나하나 배워나갈 수 있는 귀한 책이다. 작가에게 감사하며 일독을 권한다.

• 오정근(국민대학교 겸임교수, 한국코치협회 및 국제코치연맹 인증코치)

방송콘텐츠 판매 현장에서 경험한 송 차장의 생생한 협상 이야기! 콘텐츠 비즈니스 협상에 관한 이야기지만 인생을 성공적으로 살기 원하는 모두를 위한 협상 안내서이자 인생 안내서이기도 하다. "원하는 것을 어떻게 얻을 수 있을까?" 고민하는 모든 이들에게 이 책을 권한다. 협상은 상대의 마음을 얻는 것이라는 송 차장의 조언이 삶의 지혜가 아닐까? 사회 초년생으로 고군분투하는 나의 아들에게 꼭 일독을 권하고 싶다.

• 강영은(MBC 시청자커뮤니케이션팀 국장)

직장을 다니면서 겪는 어려움 중 하나는, 학창 시절과 다르게 대부분 '상대'가 있다는 점이다. 관련 기관, 같은 팀원, 처음 보는 고객도 모두 나의 '상대'이다. 간단한 정보를 얻는 것부터 계약 성사까지 상대방과의 '관계'로 결정되는 경우가 많다. 이 책의 저자는 해외 바이어를 예시로 '상대방을 대하는 핵심 노하우'를 쉽고 재밌게 풀어냈다. 이 책을 통해 당신은 훌륭한 직장인으로 한 걸음 더 다가설 수 있을 것이다!

• 박한기(산업통상자원부 사무관)

안녕하세요. 방송국에서 드라마 파는 여자, 송 차장입니다.

처음 6년 반 동안은 글로벌사업부에서 드라마나 예능 콘텐츠를 해외에 수출하며 한류를 전파하는 일을 하였고요. 현재는 국내 콘텐츠사업부에서 IPTV, OTT 플랫폼과의 계약 협상 등을 담당하고 있습니다. 이렇듯 국내외 전방위로 협상 업무만 10년째입니다.

글로벌사업부에서는 담당하던 국가 중 다수가 전년 대비 또는 타사 대비 실적이 좋았던 까닭에 '광개토효왕(고구려 최전성기를 맞이하게 한 위대한 정복왕 광개토대왕에 이름 한 글자가 들어감)'이라 불린 적도 있고요. 하핫!

그렇게 한창 판매 실적을 올리던 중, 국장님께서 맛있는 저녁을 사주신 적 있습니다. 해외 출장을 다니며 영업에 힘쓰고 있는 저희를 격려해주시기 위한 자리였지요. 분위기가 무르익어 가는데 국장님께서는 일하면서 어려운 점은 없는지 물으셨습니다. 맥주 때문에 뇌의 필터 기능이 마비돼버렸는지 저는 솔직한 속마음을 털어놓기 시작했습니다.

"국장님, 제가 이 부서에 온 지 몇 년이나 지났는데요. 엄청 바쁘기는 한데 무언가 성장하고 있다는 느낌이 들지 않네요. 딱히 해외 콘텐츠 시장에 대한 지식이 마구 느는 것도 아니고 바이어와 밀당 스킬만 나날이 늘어갈 뿐인걸요? 이러다 나중에 무기 협상가가 될 것도 아니고…… 호호호."

아마도 현명한 처세를 위해서라면 다음과 같이 말했어야 하겠지만요.

"네, 힘든 부분도 있지만 국장님께서 여러모로 도와주신 덕분에 일이 잘 진행되고 있는 것 같습니다. 감사합니다. 앞으로도 열심히 하겠습니다!"

하지만 국장님 앞에서 털어놓은 생각은 진심이었습니다. 수년간 매출은 성공적으로 달성하고 있었지만 스스로를 이 산업의 '지식 전문가'로 칭할 수 있을 것인가, 자괴감이 들었던 것이죠.

하지만 시간이 지나면서 깨달을 수 있었습니다.

사람과 상황을 잘 파악하고, 눈치가 5G급이며, 유연하면서도 중요하다고 생각하는 가치에 대해서는 쉽게 포기하지 않는 불굴의 의지를 지닌…… 그것이 저의 큰 강점이라는 것을요. 또한 그것이 협상가에게 필요한 자질이라는 것을요.

지난 10년간 콘텐츠 세일즈를 해오면서 무엇보다도 사람을 상대하는 일, 그리고 그들의 마음이 어떻게 작동하는지 원인을 파악하고 그것을 움직이는 일에 보람을 느꼈습니다. 그 과정에서 깨달은 노하우를 나눔으로써 조금이나마 선한 영향력을 발휘할 수 있다면 그것만으로도 지난 시간들이 의미가 있을 거라는 생각이 들었습니다.

이것이 제가 글을 쓰게 된 이유입니다.

그렇다면 '협상'이란 무엇일까요?

먼저 물건을 판매하기 위해서는 기본적으로 '제품'이 중요합니다. 판매하고자 하는 제품이 품질 면에서 타사의 그것 대비 탁월하다면 게임 끝이겠죠. 제가 몸담고 있는 콘텐츠 시장 또한 마찬가지입니다. '명작 콘텐츠'라 불리는 일부 콘텐츠들은 방송이 끝나고 10년이 지나도 여전히 많은 시청자들의 사랑을 받고 있으니까요.

하지만 그렇게 시청자들의 마음을 단번에 사로잡을 수 있는 콘텐츠는 소수에 불과합니다. 또한 결과를 예측하기도 어렵습니다. 다시 말해 대다수 콘텐츠들은 무한 경쟁하에 놓여 있다는 뜻입니다. '제품' 자체만을 창과 방패로 삼기에 콘텐츠 시장, 나아가 자본주의 시장은 너무 복잡하고 치열하다는 것이지요. 이것이 협상이 필요한 이유입니다.

제가 생각하는 '협상'이란 한마디로 '상대방의 감정을 건드리는 것'입니다. 다시 말해 제품을 바탕으로 상대의 감정을 건드려서 원하는 결과를 얻어내는 과정이 협상입니다. 물론 협상이 감정만으로 이루어지는 것은 절대 아닙니다. 기본적으로 정보 수집, 계획 수립, 목표 설정이 반드시 바탕이 되어 있어야 합니다. 하지만 협상에서 '감정'은 생각보다 훨씬 중요합니다.

그렇다면 협상에서는 왜 상대방의 감정을 건드려야 하는 것일까요?

이유는 협상은 '사람'을 대상으로 하는 것이고, 사람은 사실(fact)보다는 감정으로 움직이고 의식보다는 무의식의 지배를 받는 존재이기 때문입니다.

협상학의 대가이자 와튼스쿨 교수인 스튜어트 다이아몬드(Stuart

Diamond)에 따르면, 협상에서 합의를 이끌어내는데 가장 중요한 요소는 바로 호감이나 신뢰 같은 인간적 요소(55%)라고 합니다. 그다음이 절차(37%)구요. 전문 지식은 채 10%도 되지 않는다고 합니다.

저는 협상학 교수도, 심리학자도 아닙니다. 대신 지난 10년간 콘텐츠 판매자로서 수많은 구매자들과 협상을 진행하며 상대의 마음이 어떻게 움직이고 변화하는지 느꼈던 생생한 경험들이 있습니다.

이 책을 통해 협상을 잘하기 위한 요건 중 하나인 '상대방의 감정을 건드리는 법'에 대해 조금이나마 도움을 드릴 수 있다면 좋겠습니다. 단계별로 총 32가지 다양한 방법들을 제시하고 있으니 한번 적용해보세요.

우리의 일상 또한 협상의 연속입니다. 일상에서 협상의 묘미에 대해 알고 싶은 분들께서도 읽어보시면 좋을 것 같습니다.

무엇보다도, 친한 선배와 티타임을 하며 담소를 나눈다는 느낌으로 즐겁고 편안하게 들어주셨으면 합니다.

끝으로 저를 도와주신 분들께 감사 인사를 전하고 싶습니다.

먼저, 제 원고를 소중히 여겨주신 운명 같은 인연의 바이북스 윤

옥초 대표님께 진심으로 감사드립니다.

지난 10년간 사업 부문에서 좋은 경험을 할 수 있도록 이끌어주시고 동행해주신 미디어사업국 식구들과 사내외 많은 동료분들께도 감사의 말씀 전합니다.

때로는 구불구불한 인생길을 뚜벅뚜벅 걸어 나갈 수 있는 건 부모님께서 주신 무한한 사랑과 헌신 덕분이라고 생각합니다. 마음속 배터리가 금방 차오르거든요. 한없이 사랑하고 감사하고 존경합니다.

그럼 송 차장의 쉽고 재미있는 '하이퍼리얼리즘 협상 에세이' 한 번 들어보실래요?

송 차장, 깐느로 출장 가다!

내일은 송 차장이 깐느로 출장 가는 날이다. 깐느? 너도 알고 나도
아는 그 '깐느'? 맞다. 매년 국제 영화제가 열리는 장소로 유명한 프
랑스 깐느(Cannes)다.

깐느에서는 국제 영화제 외에도 매년 2차례 국제 방송 콘텐츠
마켓이 열린다. 4월에는 MIPTV(밉티비), 10월에는 MIPCOM(밉콤)
이다. 국제 방송 콘텐츠 마켓이란, 전 세계에서 해외 콘텐츠를 판매
또는 구매하고자 하는 사람들이 모이는 곳으로서 쉽게 말해 시장
같은 개념이다. 그래서 명칭에 '마켓'이나 '마트'라는 말이 들어가기
도 한다.

송 차장이 속한 방송국의 글로벌사업부에서는 부장이 매년 초 연
간 개최되는 국제 방송 콘텐츠 마켓에 갈 출장 멤버들을 지정해준다.
송 차장은 3월 홍콩에서 열리는 Filmart(홍콩 필름마트), 4월 깐느에서
열리는 MIPTV(밉티비), 7월 베트남에서 열리는 Telefilm(텔레필름),
12월 싱가포르에서 열리는 ATF(아시아 텔레비전 포럼)에 참가하게 되
었다. 그리고 올해 첫 해외출장이었던 홍콩 필름마트를 다녀와서 보

고서를 쓰자마자 깐느 밉티비 출장을 준비하게 되어 눈코 뜰 새 없이 바빴던 송 차장은 출장 가방을 야무지게 꾸려놓은 후에야 비로소 한시름 놓는다. 일 년에도 수차례 해외 출장을 다니다 보니 짐 꾸리기에 대한 나름대로의 매뉴얼이 있어 쉽게 끝나는 편이다.

송 차장은 이번 출장을 위해 준비해온 시간들을 떠올리며 '이제는 실전이다!'라는 생각으로 마음을 다잡아본다. 미팅을 계획하고 준비할 때는 초조하고 불안한 마음도 드는데 막상 실전에 돌입하면 거짓말처럼 마음이 편안해진다.

다음날 아침이 밝았다. 오늘 파리로 향하는 비행기 출발 시간은 낮 12시 30분이다. 공항버스를 타고 9시 반 인천국제공항에 도착한다. 그동안의 해외 출장을 통해 항공사 마일리지가 쌓여 모닝캄 회원이 된 송 차장은 회원만을 위한 공간에서 출국 수속을 밟는다. 하지만 회원 줄이나 다른 줄이나 크게 차이가 없어 왠지 억울한 마음이 든다. 그때 송 차장은 본인이 'APAC Business Travel Card'를 지니고 있다는 사실을 떠올린다. 이 카드 소지자는 APAC(Asia-Pacific Activities Conference) 국가로 출장 갈 때, 별도 마련된 게이트를 이

APEC Business Travel Card

용할 수 있다. 외교관, 항공사 기장과 같은 통로를 사용하는 것이다. 얼마 전, 부서에서 단체로 신청하여 부서원 모두 발급받았다.

그렇다면 송 차장은 비행기에서 무엇을 할까?

노트북을 꺼내 앞으로 있을 미팅에 대해 꼼꼼히 점검하며 고뇌에 찬 표정으로 자판을 두드리는…… 것은 비즈니스 클래스나 퍼스트 클래스 승객의 몫이다. 좁은 이코노미 좌석에서 팔의 반경을 자유롭게 놔두기도 힘든 송 차장은 그냥 다 접고 잠을 자기 시작한다. 체구가 작은 편이라 의자 안에 몸을 깊숙이 구겨 넣으면 웅크린 자세를 취할 수도 있다. 머리가 닿고 덮을 것만 있으면 어디서든 잘 자는 송 차장은 그렇게 잠을 청한다.

깐느까지 가려면 일단 파리행 비행기를 타야 한다. 파리에 도착하면 다시 니스로 가는 비행기로 갈아탄다. 니스에 내려서 40분 정도 택시를 타고 가면 비로소 깐느 도착이다. 산 넘고 물 건너가야 하는 곳, 그곳이 '깐느'다.

처음 글로벌사업부에 오게 되면 누구나 깐느 출장에 당첨되기를 꿈꾼다. 하지만 한두 번 다녀오면 여정이 이토록 험난한 것을 알기에 '다음번엔 안 갔으면' 하는 마음이 슬그머니 든다. 하지만 세계 최대 콘텐츠 마켓이기에 막상 또 출장자 명단에서 제외되면 서운하다. '내가 부서에서 중요한 존재가 아닌가? 인싸인 줄 알았는데 알고 보니 아싸?'

사람의 마음이 이렇게 간사하다. 회사 생활은 그렇게 자꾸 스스로를 시험에 들게 한다. 어떤 날은 구름 위를 둥둥 떠다니도록 한껏 올려 주었다가 어떤 날엔 땅굴을 파고 깊숙이 처박아버린다. 또 어떤 날은 런웨이 걷는 느낌으로 당당히 사무실을 활보하다가도, 어떤 날은 내 머리 위에서만 비가 내리는 것 같아 걸음이 슬로모션처럼 느껴질 때도 있다.

어쨌든 올해는 깐느 출장에 간택받은 해다. 이번은 4번째 방문이다. 얕은 잠을 자다 깨다 반복하다 보니 슬슬 짜증이 나기 시작할 무렵 반가운 목소리가 들려온다. 기장의 목소리다.

"우리 비행기는 곧 샤르을 드고올~ 국제공항에 착륙하겠습니다. 현지 시간은 오후 5시 30분이고 현지 온도는 14.7도이며……."

"……arriving shortly……14.7 degrees…… bla bla……."

영어로 업무를 하는 송 차장에게도 영어는 집중해서 듣지 않으면 그냥 귓등으로만 들리는 외국어일 뿐이다.

이제 송 차장은 아름다운 승무원 언니, 아니 동생들의 미소를 받으며 당당히 비행기에서 내린다. 비행기는 기장님이 몰았을 뿐인데 왠지 파리까지 무사히 도착한 스스로가 대견하게 느껴진다.

내려서 걸어가는데 앞서 부장님께서 입국장을 향해 혼자 걸어가고 계신다. 뛰어가서 아는 체를 할까 하다가 혼자만의 시간을 좀 더 누리고 싶어 일정한 간격을 유지하며 걸어간다. 입국장에서 부장님을 만나고는 마치 처음 발견한 것처럼 반갑게 인사를 드린다.

그렇게 하나, 둘 일행 4명이 모두 모였다. 이번 출장 멤버로 선발

된 A방송국의 한류 대표 주자들이다. 출장 명단에서 자기 이름을 확인한 뒤, '역시 나는 부서에 없어서는 안 될 존재야'라며 뿌듯함을 느꼈을 사람들이다.

그들은 입국장 대신 바로 환승센터로 향한다. 공항에서 3시간 정도 기다린 뒤, 니스로 가는 비행기를 탈 예정이다.

그들은 대기 시간 동안 무엇을 할까? 4명이 옹기종기 모여 밥을 먹고 못다 한 회포를 풀며 끈끈하게 팀워크를 다진다……라는 것은 부장님의 희망사항일 뿐이다. 하나둘 눈치를 보기 시작한다. 그리고 볼 일이 있다며 슬금슬금 자리를 뜨기 시작한다. 동료 한두 명이 먼저 선수 쳐주고 나서 송 차장도 모기만 한 소리를 내며 자리를 피한다. "저 살 것이 좀 있어서……."

역시 회사 생활은 중간만 하는 것이 좋다. 가장 먼저 총대를 메는 것, 가장 뒤처지는 것 모두 위험하다. 그렇게 송 차장은 혼자만의 시간을 즐긴다. 상점을 둘러보기도 하고, 카페에 앉아 책을 보며 사색에 젖기도 한다. 각자 시간을 보내고 난 뒤 다시 모인 일행은 니스로 가는 비행기를 탄다.

드디어 니스 도착이다! 하지만 여정은 끝나지 않았다. 택시를 타고 간느까지 가야 한다.

해외 마켓 출장에는 보통 '출장 주무자'가 있다. 마켓이 열리는 지역을 담당하고 있는 사람이 주로 주무자로 선정되어 출장의 A부터 Z까지 모두 준비한다. 따라서 이번 출장은 유럽 시장 담당자 중 한 명이 준비했다. 물론 각자 담당하는 국가에 대한 미팅은 각자 준비하지만, 출장 여정에 관한 준비는 그 한 사람이 도맡아 한다. 비행기 예약부터 숙소 예약, 택시 예약까지.

이제 택시를 탈 차례다. 일행은 어미 새의 지침을 기다리는 아기 새처럼 '우리 이제 어떻게 해?'라는 눈빛을 일제히 주무자에게 보낸다. 6개의 눈알이 자신에게 쏠리는 것을 느낀 주무자는 갑자기 책임감을 느끼며 진두지휘하기 시작한다. '내가 이렇게 프로페셔널하다!' 그러고는 예약한 택시 회사에 전화를 걸어 대기 위치를 확인한 뒤 당당히 앞장선다. 이 순간만큼은 부장님도 순한 어린양이 되어 목자의 지침에 따라 행동한다.

밖으로 나오니 비가 내리고 있다. 프랑스 출장이 4번째지만 이렇게 비가 내린 적은 처음이다. '깐느는 괜찮겠지…….' 대수롭지 않게 여기며 일행은 택시에 올라탄다. 깐느에 도착할수록 빗줄기가 강해지며 와이퍼가 쉴 새 없이 좌우로 움직인다. 와이퍼의 속도가 빗줄기의 속도를 따라 잡지 못한다. 밖을 보니 도로가 비로 가득 넘쳐나고 있다.

난생처음 겪어 보

깐느에 10년 만에 내린 폭우

는 폭우에, 그것도 산 넘고 물 건너온 낯선 나라에서의 홍수에, 아무도 말을 꺼내지 못한다. 말로 표현하는 순간 악몽이 현실이 되어버리기에, 그리고 딱히 말을 꺼내도 해결책이 떠오르지 않을 것 같기에 애꿎은 감탄사만 연신 내뱉으며 상황을 주시하고 있다.

갑자기 택시 기사님이 침묵 속에서 조심스럽게 입을 연다. 아무말씀 마시고 숙소까지 무사히 데려다주시기만 하면 좋겠는데 자꾸 말을 꺼내려 하신다.

"도로에 물이 가득 차서 더 이상 택시를 운행할 수 없을 것 같아요. 죄송하지만 여기서 내려주셔야 할 것 같습니다."

'여기서? 물 한복판에서? 숙소 근처도 아니고 길도 잘 모르는데 여기서? 우산도 없는데? 아 유 시리어스(Are you serious)?'

다들 어찌할 바를 몰라 우두커니 앉아 있는데 부장님이 주섬주섬 짐을 챙기시기 시작한다. 그렇게 일행은 대형 캐리어와 가방을 양손에 하나씩 쥐고 발목 넘게 물이 찬 길바닥에 내쳐진다.

이 순간만큼은 프로페셔널한 주무자도 딱히 해결 방법이 없다. 그냥 다 같이 캐리어를 끌고 숙소를 향해 걷기 시작할 뿐. 질질 끌리는 것은 캐리어만이 아니다. 집 떠나와 20시간 동안 쉬지 못한 몸뚱이가 어쩐지 캐리어보다 더 뒤처지는 것 같다.

1시간 넘게 짐과 몸과 지친 마음을 끌고 빗속을 걷다 보니 다행히 숙소에 도착해 있다. 송 차장은 세상 처음 겪어 보는 피로와 노곤함에 짐을 풀자마자 옷만 얼른 갈아입고 침대 속으로 푹 처박힌다. 시차와 상관없이 잠이 마구 쏟아져 내린다.

다음날 아침, 포근한 기운이 온몸을 감싸는 느낌에 살포시 눈을 뜬다. 평일 아침 포근한 느낌이 드는 것은 불길한 징조다. 그리고 슬픈 예감은 언제나 틀리는 법이 없다. 그날은 어김없이 지각이다.

하지만 이곳은 깐느. 오늘은 출장 여정 중 가장 한가로운 날이다. 안도의 한숨을 내쉬다말고 어제의 홍수 사건이 떠오른다. 급하게 창문으로 다가가 커튼을 걷는다.

언빌리버블(unbelievable)!

거짓말처럼 날씨가 말쑥하게 개어 있다. 어제의 홍수 사건이 믿기지 않을 정도로 화창하다. 깐느가 간밤의 고통을 극복해내고 온몸으로 건강한 빛을 내뿜고 있다.

말쑥하게 갠 다음날 깐느의 아침

마음이 놓이고 나니 그제야 할 일이 하나 둘 눈에 들어오기 시작한다. 전날 미처 풀지 못한 캐리어를 발을 걸어 넘어뜨린 뒤 차례로 짐을 꺼낸다. 준비해온 정장 세 벌과 평상복 두 벌을 꺼내 옷걸이에 가지런히 걸어둔다. 서양에만 오면 가장 맛있어진다는 컵라면을 식탁 위에 줄지어 세워두고, 화장품을 거울 앞에 나란히 늘어놓는다. 자주 사용하지 않는 물품들은 그냥 캐리어에 처박아두기로 한다.

그러고는 여유 시간을 즐기기 위해 창밖을 바라본다. 여기가 프랑스라는 것을 상기하며 감상에 젖어보려 한다. 하지만 출장은 출장일 뿐. 감정에 촉촉함이 쉬이 스며들지 않는다. 일만 하다 보면 하도 메말라서 출국 즈음엔 거의 바스러질 지경이다.

갑자기 단톡방 메시지 알람이 울린다. 누가 이렇게 부지런한가 했더니 그동안 비행기랑 숙소 예약 등을 훌륭하게 완수해냈던 바로 그 주무자다.

"부스 점검을 하러 갈 예정이니 11시 반까지 로비에 모여주세요."

오늘의 주요 일과는 '부스 점검'이다. 마켓은 내일부터 시작하기 때문에 전날인 오늘 부스가 잘 준비되어 있는지 확인하는 과정을 거쳐야 한다. 부스는 행사장에서 업체별로 할당된 미팅 공간을 의미한다. 요청한 디자인대로 잘 설계되었는지, 테이블, 의자, TV 같은 물품들은 잘 비치되어 있는지, 한국에서 국제 배송으로 보낸 홍보 물품이나 기념품 등이 잘 도착했는지 미리 확인할 필요가 있다. 이 과정은 총 2시간 정도 소요된다.

방송국에서 드라마 파는 여자

11시 반이 되어 일행은 숙소 로비에 모인다. 보통은 부장님이 가장 늦게 내려오시는데 가끔 부지런한 부장님은 가장 먼저 도착해서 일행을 하나씩 맞아주신다. 남들을 배려할 줄 아는 '천사' 부장님이시다. 하지만 '센스'는 조금 부족하신 것 같다. 센스 있는 부장님이란, 가장 늦게

팔레 드 페스티벌(Palais des festivals)

출근하고 가장 먼저 퇴근하며 가장 늦게 약속 장소에 도착하시는 분이다.

일행이 모이자 다 같이 행사장인 '팔레 드 페스티벌(Palais des festivals)'로 향한다. 바로 '깐느 영화제'에서 레드카펫이 깔리는 장소이기도 하다.

행사장에 도착하면 가장 먼저 하는 일은 배지를 수령하는 일이다. 배지란, 행사장으로 들어갈 수 있는 입장권 같은 것인데 미리 온라인으로 예약해두었기에 명함으로

배지

신분 확인을 받은 뒤 찾아오면 된다.

　드디어 행사장 입성이다! 매년 똑같은 위치에 매번 유사한 디자인이지만 행사장 들어가기 바로 전의 흥분과 설렘이 가장 크다. 여행 '직전'이 가장 설레는 것처럼.

부스

　부스 위치는 P-1 E72. 세계 최대 콘텐츠 마켓답게 참가사의 규모도 세계 최대다. 이리 저리 미로를 지나 꽁꽁 숨어 있는 E열 72번을 찾아낸다. 선명히 박혀 있는 회사 로고를 보니 새삼 우리 회사가 자랑스럽다.

　뿌듯함도 잠시, 여기저기 늘어서 있는 짐들이 눈에 거슬린다. 주무자도 같은 생각이었는지 역시나 가장 먼저 일어나 짐을 정리하기 시작한다. 앉아서 잠시 멍 때리고 있던 송 차장도 주섬주섬 일어나 돕는다. 테이블과 의자를 정돈하고, 한국에서 건너온 홍보 물품들을 꺼내 지정석에 배치한다. 신작 콘텐츠나 인기 콘텐츠의 브로슈어를 맨 위에, 그다음 순위의 콘텐츠들을 아래에 놓는다. 그다음, 콘텐츠 홍보 영상이 담긴 USB를 TV에 꽂은 뒤 작동이 잘 되는지 확인한다. 이 영상은 마켓 내내 무한히 재생되며 지나가는 구매자들의 눈길을 사로잡을 것이다. 그리고 기념품들을 꺼내 회사 로고가 새겨진 스티커를 하나씩 붙여둔다. 구매자들에게 선물하기 위한 용도로서 보통 USB, 문구류 같은 실용품으로 준비한다. 기념품은 판매자 쪽에서 선물하는 것이 관례지만 구매자들이 주는 경우도 종종 있다.

구매자로부터 받은 선물,
송 차장의 영어 이름이 새겨진 USB

부스를 쭉 둘러보니 이제 마무리가 된 것 같다. 내일부터 3일 간 아침 10시부터 저녁 6시까지 30분 단위로 이곳에서 미팅이 진행된다. 3일 내내 부스에만 처박혀 있기 때문에 나중에는 출장지가 어딘지 별로 상관없어진다. 홍콩을 가든, 싱가포르를 가든, 국내 코엑스에 있든, 하루 종일 부스에 갇혀 미팅만 한다. 왜 이곳 깐느까지 산 넘고 물 건너 그 고생을 하며 왔는지 억울할 지경이다. 내일부터 우리에게 '깐느'란 없다. 이곳의 정취를 느낄 수 있는 시간은 바로 오늘, 단 하루뿐인 것이다.

정리를 마치고 나니 오후 2시다. 이제부터는 자유 시간이다. 이 때는 보통 다 같이 관광을 하며 팀워크를 다지는 경우가 많다. "무엇을 하면 잘 놀았다고 소문이 날까나~ "말에 음정을 붙이는 부장님을 보며 송 차장은 문득 부장님의 나이를 상기해본다.

이번에는 '앙티브(Antibes)'라는 곳에 가기로 했다. 깐느와 니스 사이에 위치한 지중해 휴양지로서 '피카소 미술관'이 있는 곳으로도 유명하다. 여기서 기차를 타고 30분 정도 가면 된다.

앙티브에서 즐거운 시간을 보내고 깐느로 되돌아오니 어느덧 해가 뉘엿뉘엿 저물고 있다. 너무 늦지 않게 숙소로 들여보내주시는 '센스' 있는 부장님 덕분에 일행은 각자 숙소로 들어가 휴식을 취한다. 내일부터 있을 강행군에 대비하기 위해서는 혼자서 마음을 가다듬는 시간이 필요하다.

송 차장은 샤워를 마치고 나서 미팅 준비물들을 주섬주섬 챙기기 시작한다. 노트북 충전이 잘되어 있는지 확인하고, 내일 입을 정장, 주요 미팅 자료가 들어 있는 USB, 파일 등을 꼼꼼히 살핀다.

갑자기 초인종이 울린다. "Hello"하며 인기척을 내니 후배의 목소리가 조그맣게 들려온다. "선배, 저예요." 송 차장은 문을 열고 그녀를 안으로 들인다. 무슨 일인가 싶어 물으니 조언이 필요하다고 한다. 후배에게는 이번이 첫 마켓이다. 앞으로 협상을 어떻게 진행해야 하는지 하나도 모르겠다며 울상이다.

송 차장은 미팅 전날 컨디션 관리를 위해 일찍 잠자리에 드는 편이다. 하지만 지금은 자신이 처음 마켓에 참가하던 때가 떠오른다. 구매자를 만나면 무슨 말을 해야 할지, 어떤 마음가짐이어야 하는 건지,

방송국에서 드라마 파는 여자

조건 협의는 어떤 식으로 시작해야 하는지 어리둥절하던 모습이 후배에게서 오버랩된다. 그래서 오늘은 잠을 조금 포기하더라도 자신이 알고 있는 협상 노하우를 몽땅 쏟아내기로 다짐한다.

그렇게 송 차장은 이야기를 시작한다. '협상'이란 제품과 정보를 바탕으로 '상대방의 감정을 건드리는 것'이라는 말과 함께 말이다.

자, 지금부터는 송 차장의 이야기다.

한국에서 열린 국제 콘텐츠 마켓 참가 중
부스 앞에서 찰칵

차례

PART 1

첫 인상 다지기

PART 2

본 게임

PART 3

맞춤형 응대

PART 4

교착 상태 해결 방법

PART 5

협상을 마무리하는 자세

첫 인상 다지기

1

첫인상의 중요성

얼마 전 부서에 경력사원이 들어왔다. 붙임성 좋고 태도가 바르며 경력도 풍부해서 선배들이 관심 있게 지켜보는 후배였다.

한 달쯤 지났을까? 후배가 상담 요청을 해온다. 이유인즉슨, 부장님이 미션을 하나 내리셨다는 것이다. 이전 직장에서 수행한 일들에 대해 부서원들 앞에서 발표를 하라고 하셨단다. 그런데 어느 정도 수준으로 준비해야 할지 잘 모르겠다며 조언을 구한다.

"무조건 잘 해내야 해. 우리 회사는 처음 이미지가 끝까지 가거든! 다른 동료들은 '그냥 대충 해'라고 말할 수도 있지만 아마 발표할 때 눈에 불을 켜고 지켜보고 있을 걸? 무조건 잘 해내야 해! 영혼을 가득 담아 지난 경력을 모조리 압축해놓으면 돼! 어쩌면 앞으로의 회사 생활에 있어 가장 중요한 순간이야. '첫인상은 영원하다'고 보면 된다고!!"

방송국에서 드라마 파는 여자

후배에게 뼈가 되고 살이 되는 조언을 해주자는 의욕이 앞선 나머지 한껏 몰입하며 원맨쇼 하듯 열변을 토하고 있는데 문득 정신 차리고 보니 후배가 살짝 당황한 것 같다.

'뭐지, 이 멘트는? 부장님에 빙의된 건가?'

하지만 그는 내 말을 열린 마음으로 수용했고 프레젠테이션을 완벽하게 준비해서 부서원들의 감탄을 이끌어냈다. 그 모습을 보니 뿌듯한 마음이 들었다.

'이 친구는 회사 생활의 첫 관문을 잘 통과했구나. 앞으로 큰 이변이 없는 한 잘 풀리게 될 거야.'

이 말은 엄포나 과장이 아니다. 회사에서나, 일적으로 만난 거래처나, 상대방이 한국인이거나 외국인이거나 상관없이, 첫인상이 차지하는 비중은 어마어마하다. '시작이 반'이라는 말처럼 첫인상이 좋으면 속된 말로 반은 먹고 들어간다.

따라서 처음 거래를 시작할 때 '첫인상 다지기'에 공을 들여놓으면 향후 본격적으로 진행될 협상 기간이 단축될 수 있고 결과 또한 만족스럽게 도출될 가능성이 훨씬 높아진다.

계약이라는 것이 10점 만점을 달성했을 때 체결된다고 가정해보자. 첫인상으로 미리 7점을 따놓으면 본 게임에서 3점의 노력만 보태도 계약이 완성된다. 하지만 첫인상에서 3점만 따놓은 상황이라면 가뜩이나 어렵고 복잡하며 인내심을 요구하는 본 게임에서 7점을 덧붙여야만 한다. '마이너스'로 깎아먹고 시작하는 것은 두말할 필요 없이 최악이다.

나에게 조언을 구했던 후배도 마찬가지다. 그는 회사 생활이 앞으로 20년 이상 남았다. 하지만 2주간 열심히 공들여 준비한 발표로 첫인상을 확실히 각인시켜 놓은 덕분에 남은 회사 생활은 생각보다 훨씬 편해질 것이다. 도중에 조금 삐끗하더라도 '아, 원래 잘하는 앤데 요즘 힘든 일이 있나 보다……'라는 반응이 나올 것이다.

협상도 마찬가지다. 조금만 공들여서 상대방에게 첫인상을 좋게 심어주면, 나머지 과정은 생각보다 쉽게 '게임 오버(Game Over)' 될 수도 있다.

그렇다면 협상을 할 때 첫인상을 좌우하는 요소에는 어떠한 것들이 있을까?

팔고자 하는 제품에 자신감과 확신이 있는가?
협조적이고 성실한 태도를 보이는가?
업계에서 영향력이 있는가?
왠지 믿음이 가는가?
나에게 호의적인가?
인간적인 매력을 지녔는가?

방송국에서 드라마 파는 여자

처음부터 이런 모습을 동시다발적으로 펼쳐 보이며 상대방을 내 쪽으로 확 끌어당겨야 한다. 짧은 시간 내 상대방의 마음속으로 훅 들어가는 직진 전략이다. 좋은 파트너가 될 것 같은 인식을 초기부터 콕 심어주는 것이다.

이렇게 '당기기'를 먼저 하고 난 후에야 제품에 대한 자신감을 바탕으로 상대방을 밀기도 하고, 제시한 조건이 수용되지 않을 때 슬쩍 발을 빼기도 하면서 서로의 간극을 좁혀나가는 것이 협상이다.

한 가지 주의할 점은 첫인상이라고 해서 꼭 첫 만남만을 의미하는 것은 아니라는 점이다. 나는 첫인상을 다지는 시기를 3단계로 본다. 만남 전, 첫 만남, 두 번째 만남이다. 이렇게 두 번째 만남까지 거치는 동안 상대방에 대한 인식이나 평가가 어느 정도 굳혀지게 되는데 이를 '확증 편향(자신의 가치관, 신념, 판단 따위와 부합하는 정보에만 주목하고 그 외의 정보는 무시)'이라고 한다.

그렇다면 당기기의 강도는 어느 정도가 좋을까?

3점 만점이라고 가정한다면, 만남 전은 2점, 첫 만남은 1점, 두 번째 만남은 3점을 추천한다. 만남 전부터 센 강도로 당기고, 첫 만남에서는 다소 늦추도록 하며, 두 번째 만남일 때 가장 강하게 당기도록 한다.

그럼 먼저 만남 전에는 어떠한 태도를 취해야 하는지부터 살펴보도록 하자.

2

공작새와 플라워(flower)

만남 전

〈그는 당신에게 반하지 않았다〉라는 영화가 있다. 여주인공 '지지'
는 한마디로 연애고자다. 소개팅을 한 남자로부터 연락이 없자 그에
게 사정이 있을 거라며 자기 위안을 한다. 그러면서 그의 말 한마디,
행동 하나하나를 곱씹으며 자신에게 마음이 있을 거라는 희망을 버
리지 않는다. 하지만 그는 결국 연락이 없다. 왜냐하면 그녀에게 반하
지 않았기 때문이다.

이 영화를 얼마 전 모바일로 다시보기를 하다가 깜짝 놀라고 말았
다. 어디서 많이 본 사람이었기 때문이다. 그렇다. 내가 바로 '지지'다.
남자가 자주 칭찬해주거나 공감하고 위로해주면 좋아해서 그러는 거
라고 착각했던 경험 말이다. 그에게 고마워진 나머지 마음속으로만
사랑을 솜사탕처럼 부풀려가며 혼자 사랑했다 이별했다 반복하다가
어느 순간 분노를 쏟아내는 바람에 상대방이 몹시 당황해했던 경험

말이다. '내가 뭘 어쨌다고' 하면서.

하지만 이렇게 '착각의 늪'에 빠졌던 경험을 통해 확실히 알게 되었다. 나에게 마음이 있다면 그는 먼저 연락을 했을 것이다.

협상에서도 최초로 먼저 연락하는 쪽이 있다. 목마른 자가 우물을 파는 법이라서 먼저 연락하는 쪽이 거래가 더 절실하다고 볼 수 있다. 상대측에서 연락이 없다면 우리 회사가 너무 대단한 나머지 연락하기 두렵다거나, 우리의 연락처를 모른다거나, 담당자가 소심해서가 아니다. 그냥 우리 회사나 제품에 대해 관심이 없는 것뿐이다.

그렇다면 우리가 먼저 연락한 경우와 상대방이 먼저 연락해온 경우의 접근 방식은 달라야 한다. 각각 취할 수 있는 전략에 대해 '공작새'와 '플라워(flower)' 전략이라고 이름을 붙여보겠다.

공작새 전략

왜 공작새는 암컷보다 수컷의 문양이 훨씬 화려한지 이유를 아는가? 바로 구애를 하는 쪽이 수컷이기 때문이다. 재미 삼아 비교해보자면, 인간 남자의 '삼각별' 자동차에 해당하는 것이 바로 수컷 공작새의 '무늬'다. 수컷 공작새는 암컷에게 구애를 할 때 날개를 활짝 펼치며 자신의 화려한 엠블럼을 과시한다.

협상을 할 때도 마찬가지다. 만약 우리가 상대방에게 먼저 연락을 한 상황이라면 바로 이 수컷 공작새처럼 해야 한다. 상대방은 우리만큼 거래가 절실하지 않을 것이고, 심지어 우리의 존재 자체를 모를 수도 있다. 거래를 원했다면 진즉 연락이 왔을 것이다. 이럴 때는 공작새처럼 날개를 펼치고 '날 좀 보소' 타령이라도 하며 관심을 끌어야 한다.

글로벌사업부에 발령받았을 때 처음 맡은 지역은 '신시장'이었다. 아직 시장이 채 형성되지 않은 말 그대로 '새로운 시장'이라는 의미로 한류 불모지다. 주로 유럽, CIS 국가, 오세아니아, 아프리카 지역 등을 의미한다. 최근에는 BTS, 〈기생충〉, 〈오징어 게임〉 등으로 인하여 한국 콘텐츠에 대한 인식이 높아졌다고는 하지만 당시는 한국 드라마를 편성하는 TV 방송사가 매우 적었을 정도로 한류에 대한 인식 자체가 부족했다.

난감했다. 이제 막 일과 사회생활에 대해 알 것 같은 의욕 넘치는 30대 초반이었지만, 딱히 거래가 생겨나지도 않고 이메일을 보내도 아무런 피드백이 없자 점점 욕구 불만이 쌓여갔다. 떠난 남편을 기다리다 돌이 되어 버렸다는 망부석처럼 내 마음은 보낸 메일함의 '수신 확인' 근처를 떠돌며 서서히 굳어져갔다.

도무지 방법이 없는 것일까? 궁리 끝에 한 마리의 공작새가 되기로 결심했다. 소개 자료를 정성스레 만들어서 국가별 방송사나 배급사에 뿌리기 시작한 것이다. 상대방이 지금 누구와 대화 중인지 알고 신뢰감을 가질 수 있도록 나와 우리 회사에 대한 소개 자료를 만들었다. 내 프로필과 함께 담당하는 국가 및 판매 내역 등을 적고, '좋아요'를 통해 친근감을 쌓을 수 있도록 SNS 주소도 넣었다. 그리고 여러 장에 걸쳐 우리 회사가 한국에서 어떤 위상을 가진 방송사인지, 세계적으로 한류를 어떻게 이끌어가고 있고 국가별로 어떤 콘텐츠를 수출하고 있는지 등의 '화려한 무늬'들을 하나하나 새겨 넣었다.

그렇게 만든 파일을 첨부하여 메일을 보냈다. 기존에 거래가 없다 보니 연락처가 없는 경우가 대부분이었지만, 전년도 마켓 책자를 뒤져서라도 주소를 수집한 뒤 수백 건이 넘는 이메일을 발송하였다.

어느 순간 조금씩 입질이 오기 시작했다. 아직까지 한국 콘텐츠를 구매한 적은 없지만 검토해볼 테니 콘텐츠 소개 자료와 홍보 영상을 보내달라는 답변, 한국인이 등장하는 드라마가 자국민에게 생소하게 느껴질 수 있으니 방영권 대신 리메이크권을 고려해보겠다는 답변들이었다. 소위 '읽씹'과 '안읽씹'을 당한 경우도 수없이 많았지만, 100건을 기준으로 두, 세 건이라도 피드백이 온다면 성공이었다. 가뭄에 콩 나듯 하나씩 답변이 올 때마다 러브레터라도 받은 양 기뻐하며 문의에 성심성의껏 응대하였다. 관심 있을 법한 콘텐츠를 열심히 찾아서 보내주고, 새로운 콘텐츠가 나올 때마다 회사의 공식적인 홍보 자료 외에도 별도의 자료를 만들어 보내주는 등 진심을 다했다. 그렇게 우리 존재를 서서히 각인시켜나갔다.

그러자 조금씩 성과가 나타나기 시작했다. 본격적으로 조건 협상을 시작하게 된 업체가 생겨난 것이다. 그 결과, 처음 알게 된 업체와 우크라이나, 러시아, 발틱(Baltic) 지역에 드라마 리메이크권을 판매하는 등 여러 건의 신규 계약을 성사시킬 수 있었다.

이렇게 아무도 우리를 바라봐주지 않을 때는 수컷 공작새처럼 먼저 자신의 무늬를 적극적으로 펼쳐내야 한다. 이때 상대방에게 보여줄 무늬는 다음과 같다.

첫째, 우리 회사와 나의 영향력(업계 위상, 규모, 실적, 인맥 등)

둘째, 성실성(자료 제공, 질의나 요청에 대한 성의 있는 응대, 협조적인 태도, 신뢰성 등)

셋째, 인간적인 매력(친근하고 호의적인 태도, 좋은 인상, 자신감 등)

살다 보면 자연 속에 해답이 있는 경우가 많다. 공작새의 구애와 판매자의 영업은 그런 면에서 닮아 있다.

플라워(flower) 전략

반대로 상대방 쪽에서 먼저 연락을 해온 상황이라면 어떤 전략을 쓰는 것이 좋을까? 바로 '플라워(Flower)' 전략, 꽃처럼 행동하기다.

꽃은 움직이지 않는다. 다만 꽃가루를 가지고 있으면서 은은하게 향기를 뿜어내며 벌을 유혹할 뿐이다.

상대방에게서 먼저 연락이 왔다면 우리가 할 일은 문의나 요청에 대해 은은하고 성실하게 응대하는 것이다. 상대방은 우리 콘텐츠에 관심이 있으니 연락했을 것이고 우리 회사에 대해 어느 정도 알고 있을 가능성이 높다. 따라서 공작새처럼 화려한 무늬를 적극적으로 펼치지 않아도 된다. 이때는 '당기기'를 하기보다 '밀어내지 않는 것'이 중요하다. 다시 말해 '협조적'이라는 인상을 주기만 하면 된다.

오히려 너무 적극적이고 앞서 나가면 상대방이 도리어 물러날 수도 있으니 주의해야 한다. 상대방이 1만큼의 정보를 요구했다면 1만큼만 줘야지 신이 나서 2, 3만큼 다 퍼주지 말라는 뜻이다.

협상 과정에서 주의할 점은 '이 거래가 절박하다'는 속내를 노출하는 것이다. 절박하다는 것을 알게 되는 순간, 상대는 '갑'의 위치에서 조건을 쥐락펴락 할 것이고 절박한 쪽은 상대에게 맞추며 끌려갈 수밖에 없다.

지금은 매우 유리한 상황이다. 우리는 꽃처럼 가만히 있었을 뿐인데, 상대방이 벌처럼 먼저 다가와주었다. 처음부터 유리한 고지를 점하고 있기 때문에 이 상황을 활용할 줄도 알아야 하고, 거래가 끝날 때까지 우위를 크게 잃지 않도록 세심하게 균형을 잡는 것이 좋겠다.

우리에게 먼저 연락을 준 사람은 지금 어떤 기분일까? 기대 반, 두려움 반일 것이다. 사람은 누구나 거절을 두려워한다. 용기 내어 연락한 상대방이 상처 받아 마음을 닫아버리지 않도록 따뜻하게 응대하도록 하자. 좋은 파트너가 되고 싶다는 마음을 은연중에 드러내어 거래에 대한 상대방의 기대감을 높여주자. 또한 질문에는 최대한 성심성의껏 답변해주자. 다만, 콘텐츠 제작비나 계약 금액 등 '숫자'에 관한 질문에는 답변을 피하는 것이 좋다. 협상의 결과는 결국 숫자로 귀결되기 때문에 이를 미리 노출하는 것은 우리 패를 먼저 뒤집어 까서 보여주는 것과 같다. 대략적인 시장가를 알려주는 것은 무방하겠으나, 구체적인 금액은 본격적인 협의가 시작되고 나서 꺼내는 것이 좋다.

또한 질문을 받기만 하지 말고 상대방에게도 돌려주도록 하자. 소개 자료를 요청한다거나, 한국 콘텐츠에 관심을 가지게 된 계기, 한국 콘텐츠를 수급한 적 있는지, 있다면 시청률 등 반응은 어땠는지, 향후 콘텐츠 수급 계획 등에 대해 물어본다. 이를 통해 상대방에 대한 정보를 수집할 수 있을 뿐 아니라 관심을 돌려줌으로써 협조적이고 친근한 인상을 심어줄 수 있다.

커뮤니케이션의 기본은 '핑퐁 놀이'에 있다. 상대방의 관심만 스펀지처럼 흡수하지 말고 자연스레 이쪽에서도 관심과 호감을 돌려주면서 상호 작용 하는 것이 좋겠다. 협상은 일방적인 아케이드 게임이 아닌, 탁구와 같은 양방향 게임이기 때문이다.

방송국에서 드라마 파는 여자

이렇듯 상대방이 먼저 연락을 해 온 경우라면 꽃처럼 은은하게 향기를 뿜으며 따뜻하게 품어주도록 하자.

이번 장에서는 만남 전 응대 방식에 대해 두 가지로 나누어 접근해보았다. '공작새'와 '플라워' 전략이다. 앞서 말했듯 두 가지 모두 '만남 전' 단계이므로 당기기의 강도는 3점 만점에 2점 정도가 적당하다. 물론 플라워 전략은 공작새 전략보다는 방법적인 면에서 소극적이지만 두 방법 모두 상대방의 마음속에 상당히 강한 인상을 남겨야 한다는 점에서 당기기의 강도는 비슷하다.

이렇게 만남 전 응대만으로도 상대방이 '거래를 하고 싶은 마음이 커졌다', '업체에 대한 호감이 높아졌다', '담당자가 어쩐지 마음에 든다'라는 생각이 들었다면 성공이다.

보통 '첫 만남'부터가 협상의 시작이라고 착각하는 경우가 많다. 하지만 첫인상을 심어주는 단계는 만남 전 '사전 응대'부터라는 사실을 명심하자. 이때 충분한 호감을 심어주어야 앞으로 있을 첫 만남이 더욱 빛을 발할 수 있다.

3
공간의 심리학

첫 만남

드디어 첫 만남이다. 고맙게도 상대방이 이쪽으로 와주기로 했다. 그렇다면 장소는 어디가 좋을까?

회사에서 가장 크고 좋은 회의실을 사수하라!

상대방 시점에서 살펴보자. 첫 만남은 아무래도 긴장되기 마련이다. 이메일과 전화 통화를 주고받으며 상대 업체에 대한 호감이 높아졌는데 막상 만나려고 하니 기대 반 두려움 반이다. 회사에 도착해 우뚝 솟은 건물을 보니 생각했던 것보다 더 탄탄한 회사 같다. 안내받은 대로 9층 대회의실로 올라간다. 발을 들여놓는 순간 왠지 분위기에 압도되는 느낌이다. 깔끔하고 커다란 회의실에 세련된 인테리어, 반짝이는 조명, 등받이가 높은 가죽 의자, 두 줄로 정렬된 좌석 배치, 준비된 음료와 필기도구…… 마치 정상회담을 연상시킨다.

담당자와 명함을 주고받는데 손에 바짝 힘이 들어간다. 왠지 상대방 회사가 커 보이는 까닭에 다소 위축되기도 한다. 자신도 모르게 자세가 똑바로 세워지고 상대방의 말에 더욱 귀를 기울이게 된다. 그러면서도 우리 미팅을 위해 이렇게 좋은 회의실을 준비해두었다는 생각에 왠지 존중받는 기분도 든다. 심리적 압박이 느껴지면서도 흥분되는 묘한 양가감정이 든다. 기대에 어긋나지 말아야 하겠다는 생각에 조금 더 예의를 갖추고 협조적인 태도를 취한다.

서로 인사를 주고받은 뒤 첫 미팅을 시작한다. 아직 상대의 속내를 알지 못하기 때문에 여러 가지 반응을 살펴서라도 힌트를 얻고 싶다. 하지만 거리가 멀어서 눈빛이나 표정 등을 명확히 읽을 수 없다. 만남 전부터 성실하게 응대해주고 지금도 잘 경청해주는 것으로 봐선 우리 쪽에 호의적인 것은 분명한데 실제로 계약을 할 생각인지는 쉽게 파악되지 않는다. 아직은 보이지 않는 선이 있는 느낌이다. 아무래도 거래를 하려면 내가 조금 더 적극적으로 나서야 할 것 같다.

자, 우리 시점으로 돌아와보자.

앞서 첫인상을 심어주는 시기를 3단계로 구분한 적 있다. '만남 전', '첫 만남', '두 번째 만남'이다. 이 중 첫 만남은 회의실에서 공식적으로, 두 번째 만남은 비공식적으로 진행하는 것을 추천한다. '당기기'의 강도를 3점 만점이라고 한다면 '첫 만남'은 1점, '두 번째 만남'은 3점의 강도로 당기도록 한다(참고로, '만남 전'은 2점이었다).

'왜 첫 만남의 당기기 강도는 1점이어야 할까? 첫 만남이 가장 중요하지 않은가?'라는 의문이 들 수 있다. 물론 첫 만남은 매우 중요하다. 하지만 당기기의 강도라는 것이 중요도를 의미하는 것은 아니다. 협상에서 중요하지 않은 단계란 없다. 첫 만남에서는 전략적으로 당기기의 강도를 살짝 낮추라는 의미다. 왜냐하면 이때는 서로 '심리적 거리'를 유지함으로써 긴장감을 갖는 것이 효과적인 시기이기 때문이다. 만남 전 성실한 응대로 어느 정도 친밀감을 형성해놓았지만, 아직은 상대방에 대한 객관적 탐색이 필요한 시기다. 따라서 어느 정도 격식을 갖추고 객관적인 태도로 미팅을 진행하는 것이 좋다. 너무 많은 감정을 드러내거나 거래의 절박함을 노출해서도 안 된다. 즉, '절제'가 첫 만남의 핵심이다.

너무 선 긋는 듯 하는 느낌을 주어 상대방이 뒤로 물러서는 것은 아닐까? 걱정하지 않아도 된다. 이미 만남 전 성실하고 협조적인 태도로 어느 정도 '라포(의사소통에서 상대방과 형성되는 친밀감 또는 신뢰관계)'를 형성해 두었기 때문에 이미지 손실은 없을 것이다. 또한 객관적인 태도를 유지함으로써 상대방에게 가볍지 않고 신뢰할 수 있는 파트너라는 인식을 심어줄 수 있을 것이다. 그리고 서로의 관계를 투명하게 규정하지 않고 베일에 싸놓음으로써 상대방이 먼저 그 베일을 벗기고 싶도록 여지를 남길 것이다.

첫 만남은 상견례의 의미가 강하기 때문에 서로 소개를 하고 안면을 트는 정도로만 만족해도 괜찮다. 구체적인 업무 협의는 미팅이 끝

방송국에서 드라마 파는 여자

나고 나서 메일로 주고받거나 추가적인 미팅을 통해 본격적으로 시작해도 충분하다.

첫 만남을 통해 상대방이 '이 업체에 대해 더 알아가 보고 싶다', '이 사람과 다시 한 번 만나고 싶다', '왠지 신뢰와 호감이 높아졌다'는 생각이 들었다면 성공이다.

두 번째 만남

첫 만남이 마음에 들었는지 상대방이 두 번째 만남을 요청해온다. 그렇다면 두 번째 만남의 장소는 어디가 좋을까?

〈미드나잇 인 파리〉라는 영화가 있다. 약혼녀와 함께 파리를 찾은 주인공 '길'이 홀로 밤거리를 거닐다가 타임 슬립을 통해 1920년대로 돌아가 '애드리아나' 라는 여인과 사랑에 빠지게 되는 내용이다.

여행지에서 운명적인 사랑을 하게 되는 사람이 꽤 많은 것 같다. 혹은 길거리에서 첫 눈에 반해서 대시하는 일, 친구로만 생각하던 상대와 사랑에 빠지는 일……

소개팅이나 선을 통해 인연을 만나기는 생각보다 쉽지 않다. 작정하고 '사랑에 빠져야지' 마음먹고 나가면 슬프게도 사랑에 잘 빠지지 않는다. 상대방이 내 미래의 배우자가 될 수도 있다는 생각에 도끼눈을 뜨고 샅샅이 살피게 된다. 조금만 기준에 거슬리는 말을 하면 바로 실격이다. 집으로 터덜터덜 돌아오는 길에는 허무함과 좌절감만 남게 된다. 그렇게 사랑 또한 별 계산이나 의도가 없을 때 교통사고 처럼 생겨나는 것임을 서서히 깨닫는다.

역사는 그렇게 자연스럽게 이루어진다.

사랑뿐만이 아니다. 협상도 마찬가지다. '어디 우리 협상 한번 해 봅시다' 굳게 마음먹고 테이블에 앉으면 힘이 바짝 들어간다. 목표가 앞선 나머지 기싸움만 하게 되고, 마음을 열지 못하고 서로 겉돌기만 하다 끝나 버리는 경우가 많다.

따라서 협상 상대방과도 '자만추(자연스러운 만남 추구)'가 필요하다. 자연스러운 분위기 속에서 서로를 알아가는 시간, 서로가 처한 상황을 이해하고 숨겨 놓은 꿍꿍이를 조금씩 털어놓으며 마음을 여는 시간.

이러한 '자만추'를 하기 딱 좋은 시기가 바로 두 번째 만남이다. 지난번 첫 만남을 회의실에서 공식적인 분위기로 진행했다면 두 번째 만남은 비공식적인 분위기에서 자연스럽게 진행하는 것이 좋다. 그리고 이때의 당기기는 3점, 즉 최대로 진행한다.

회의실을 벗어나 함께 티타임을 하거나 식사를 해보자. 두 번째 만남의 목표는 상대방과 '친구'가 되는 것이다. 차를 마시거나 식사를 하며 상대방의 취미, 관심사, 회사 생활 이야기, 일하면서 힘든 점 등 개인적인 이야기를 묻고 나누도록 한다. 되도록 계약에 관한 대화는 하지 않는다. 간혹 곁들이는 것은 상관없지만 전체적인 분위기는 친구와 담소를 나누는 형식이 좋다.

한 가지 주의할 것은 식사 예약 전 상대방의 음식 취향에 대해 파악해두어야 한다는 점이다. 특히 못 먹는 음식에 대해서는 반드시 알아두어야 한다. 예를 들면 태국 사람들은 종교의 영향으로 소고기를 먹지 않는 사람들이 많다. 그것도 모르고 우리 기준에서 '좋은 것'을 대접한다며 자랑스레 한우를 예약해두었다가는 한우는 모조리 내 입으로 들어가고 상대방은 반찬만 깨작거리고 있어야 하는 최악의 상황이 발생할 수도 있다.

그렇다면 비공식적인 만남이 좋은 이유는 무엇일까?

먼저, 친구처럼 공감대를 형성하기 쉽다.

딱딱한 회의실을 벗어나 가볍게 차 한 잔 하며 담소를 나누거나 식사를 함께 하면 친밀도가 올라간다. 일단 공감대를 형성하고 나면 상대방은 우리를 단순히 '상대편'이 아니라 '파트너' 혹은 '내 편'으로 인식하게 된다.

생텍쥐페리가 이런 말을 했다. "사랑은 마주 보는 것이 아니라 같은 곳을 바라보는 거야." 여기서 '사랑'을 '협상'으로 바꿔도 말이 된다. 협상은 상대방과 마주 보는 것이 아니라 나란히 서서 같은 곳, 합일점을 바라보는 것이다. 물론 그 과정에서 '밀고 당기기'가 발생하는 것은 불가피하겠지만, 휴전선을 사이에 두고 총칼을 들고 대치하는 모습으로 착각해서는 안 된다.

두 번째, 상대방을 파악하기 용이하다.

차를 마시거나 식사를 하며 편안하고 자연스러운 분위기가 형성되면 상대방은 긴장의 끈을 풀고 자신을 드러내기 한결 쉬워진다.

이때 상대방을 가까이서 관찰할 수 있다는 이점도 있다. 어떤 이야기에 반응하는지, 어떤 주제가 나왔을 때 눈동자가 커지면서 흔들리는지, 어떤 부분이 아킬레스건인지와 같은 힌트를 보디랭귀지를 통해 읽어내기 쉬워진다.

협상에서는 상대방에 대해 아는 것이 많을수록 유리해진다. '지피지기면 백전백승'이기 때문이다.

세 번째, 자신에 대해 드러내기도 좋다.

협상에서 상대방의 호의를 효과적으로 이끌어내기 위해서는 인간적인 매력을 무시할 수 없다. 사실 이는 생각보다 훨씬 중요하다. 똑같은 협상 기술을 사용하더라도 그것이 통하는 사람이 있고 아닌 사람이 있는데 이는 그 사람의 인간적인 매력에 달려 있는 경우가 많다. 따라서 두 번째 만남을 통해 자신의 매력을 드러내야 하는데 함께 차를 마시거나 식사를 하는 자리에서는 그것이 훨씬 용이해진다.

이렇게 비공식적인 만남을 통해 상대방과 '간부'를 맺을 수 있다면 계약에 한 걸음 가까이 다가간 셈이다. 물론 계약에 대한 상대방의 의지가 아예 전무한 상황이라면 이러한 시도만으로 마음을 전향적으로 돌리기는 쉽지 않겠지만, 어느 정도 계약에 대한 의지가 있는 상태라면 우리 제품과 타사의 유사한 제품들 사이에서 하나를 선택해야 할 때 깐부의 제품을 선택할 가능성이 높아진다.

자. 여기까지가 '첫인상 다지기' 단계다. 첫인상은 만남 전, 첫 만남, 두 번째 만남, 이 세 단계를 거치면서 단단히 굳어지게 된다. 따라서 첫인상을 다질 수 있는 두 번째 만남까지 정말 최선을 다해서 상대방의 마음을 사로잡도록 해야 한다. 이는 앞으로 계약까지 이르는 울퉁불퉁한 자갈길 위에 에스컬레이터를 놓는 것과 같은 효과를 가져올 것이다.

자전거 협상

여기까지 읽었는데 갑자기 그런 생각이 들지 않는가? '헉! 장소까지도 세심하게 신경 써야 돼? 그냥 대충 하면 안 되나?' 물론이다. 적당히 해도 누가 뭐라 하지 않는다. 협상은 생각보다 집중력과 에너지가 많이 드는 일이다. 하지만 이렇게 온 마음과 정성을 다 할 때 '숫자'가 달라지는 결과를 보면 쉽게 간과할 수 없는 일이기도 하다.

일할 때 에너지를 많이 꺼내어 쓰는 탓에 평소의 나는 정신 줄을 살짝 늘어뜨리고 사는 편이다. 사람은 집중할 수 있는 에너지가 한정되어 있기 때문이다. 따라서 일상생활에서는 '허당'이라는 말도 곧잘 듣는다. 의사 결정을 할 때 실익을 따져보지 않기도 하고, 사람에 대해 쉽게 기대하거나 믿어버리는 경향도 있다. 그렇다 보니 평소의 나는 뒤통수 맞는 기분을 종종 느낀다.

언젠가 자전거를 사러 집 근처 매장에 갔다. 이리저리 둘러보는데 점원이 다가왔다.

"찾으시는 모델이 있으신가요?"

"네, 도시형 자전거 사려고 하는데요."

그러자 점원은 여성이 타기 좋은 제품이라며 줄줄이 걸린 자전거 중 하나를 가리켰다. 보는 순간 첫눈에 반했다. 갖고 싶은 자전거를 직접 디자인하라면 딱 저런 모습일 것 같았다.

나는 눈빛으로 말하는 특성을 가지고 있다. 호불호가 명확한 성격에 좋아하는 사람이나 물건 앞에서는 눈이 커지면서 반짝반짝 빛이 난다. 하지만 관심 없는 사람이나 물건 앞에서는 안개처럼 뿌옇고 깊이를 알 수 없는 공허한 눈빛이 된다. 즉, 감정이 눈에 바로 드러나는 투명인간 과다.

만약 지금 업무 협상 중이었다면 바로 정신 줄을 꽉 부여잡았을 것이다. 거래에서는 '절박함'이 드러나는 순간 협상 우위를 잃기 때문이다. 하지만 지금은 업무가 아닌 일상생활 중이다. 안타깝게도 역시 눈이 먼저 말을 해버렸다. 입에서는 필터 없이 말이 줄줄 새어 나온다.

"우와! 진짜 너무 마음에 들어요! 이걸로 할게요! 얼마예요?"

점원의 눈에 플래시가 번쩍인다. '자전거 이상형'을 만나 눈이 먼 나는 점원이 말한 가격을 에누리 없이 다 지불하고 자전거를 바로 손에 넣었다. 그리고 옆에 끼고 개선장군처럼 길을 나섰다. '너무 섣불리 결정한 건 아닐까?'라는 생각이 잠시 스쳤지만 원하는 자전거를 손에 넣었다는 기쁨이 더 크기에 쓸데없는 생각은 하지 않기로 한다. 천천히 걷다 보니 정신 줄이 점점 돌아오고 있다. 조금은 걱정되는 마음으로 스마트폰을 열고 가격 비교 사이트에 들어가 검색 버튼을 누르고 바로 탄식한다. '아, 15분 전으로 되돌릴 수만 있다면……'

평소 협상 업무를 하던 중이었다면 15분 전, 바로 이렇게 행동했을 것이다.

"손님, 이거 여성들한테 딱 알맞은 모델이에요."

"(어머, 완전 내 스타일이야)" 하지만 눈을 가늘게 뜨고 심드렁하게 바라봄.

"색깔도 예쁘고 모양도 잘 나와서 인기가 엄청 많아요. 보세요, 바퀴에 이렇게 미끄럼 방지 장치도 되어 있고요."

"네…… 괜찮긴 하네요……."

"이거 하시면 '바구니'도 하나 껴 드릴게요. 진짜 가격 대비 우수한 모델이에요."

"네…… 근데 제가 예산이 많지 않아서…… 혹시…… 얼마…… 예요?"

"아, 이거 45만 원이요."

"(깜짝 놀라며)네? 45만 원이요?"

"아아, 원래 45만 원인데 40만 원까지 드릴 수 있을 것 같아요."

"그렇구나…… 저는 30만 원대까지만 생각하고 와서…… 아쉽네요……."

"아, 그럼 진짜 남는 게 없는데…… 에이 뭐 38만 원까지 해드릴게

방송국에서 드라마 파는 여자

요!"

"아······ 네······."

"(이젠 자전거 아저씨도 같이 침묵 중)"

"조금 비싸지만 어쩔 수 없죠. 그냥 이걸로 할게요. 감사합니다······.(상대방이 손해 봤다는 느낌이 들지 않도록 끝까지 너무 좋아하는 모습을 보이지 않음.)"

알고 보니 이 모델은 실제 매장에서 구입할 때 38만 원까지도 에누리가 가능한 제품이었다. 하지만 머리 쓰는 것이 에너지가 많이 들고 귀찮다는 이유로 그냥 덥석 물어버린 탓에 정가인 45만 원을 다 주고 사버린 것이다. 15분 만에 나의 자전거 협상은 실패했음을 깨닫는다. 자전거는 여전히 마음에 든다. 하지만 일상생활에서도 조금은 협상의 묘미를 발휘해야겠다고 다짐해본다.

PART 2

본 게임

4

도어 인더 페이스
VS
풋 인더 도어

이제부터는 '협상의 꽃'이라고 할 수 있는 '본 게임'이다. 본격적으로 조건을 조율하는 과정에서 상대방의 감정을 건드리는 방법에 대해 하나씩 살펴보도록 하자.

협상의 본 게임에서 가장 먼저 할 일은 상대방에게 이 계약이 얼마나 중요한지 파악하는 일이다. 그에 따라 전략이 완전히 달라질 수 있기 때문이다.

상대방은 이 계약을 꼭 체결하고 싶어 할 수도 있고, '해도 그만, 안 해도 그만'이거나, '난 누구, 여긴 어디?' 하며 앉아 있을 수도 있다.

물론 이를 파악하기란 쉽지 않다. 상대방도 최대한 속내를 감추려할 것이기 때문이다. 하지만 두 번째 만남까지 거치는 동안 조금이나마 라포를 형성했다면 그 과정에서 어느 정도 감을 잡을 수 있었을 것이다.

방송국에서 드라마 파는 여자

그렇다면 두 가지 경우, 각각 어떠한 협상 전략을 사용하는 것이 좋을까?

먼저, 상대방에게 계약이 꼭 필요한 경우다.

도어 인더 페이스(door in the face)전략

이때 통하는 전략 중 하나는 '도어 인더 페이스(door in the face)'다. 이는 이미 잘 알려진 용어로서 해석하자면 '면전에서 문 닫기'다. 우리 쪽으로 들어오려는 상대방의 면전에서 문을 쾅 닫아버린 뒤 다시 조금씩 열어주며 들어오도록 하는 방식이다. 처음에 그렇게 거부당한 충격을 받고 나면 나중에는 우리의 조그마한 양보나 호의에도 감사하며 조건을 수락할 가능성이 높아진다. 재벌 2세의 뺨을 때려 그 남자로 하여금 "이런 여자는 네가 처음이야!"라며 사랑에 빠지게 한다는 신데렐라 스토리 또한 도어 인더 페이스의 일종이다.

몇 년 전, 아시아 최대 동영상 스트리밍 서비스 업체(OTT) 중 한 곳인 D사와의 재계약 협상을 담당한 적 있다. 2년 계약으로서 공급 규모 또한 큰 까닭에 협상에만 수개월 걸리는 계약이었다. 2년 전 첫 계약을 통해 우리 회사 콘텐츠를 D사 플랫폼에 서비스 중인 상황에서 계약 만료를 앞두고 재계약에 대한 논의를 시작해야 했다. 그리고 나는 이 재계약 협상의 팀장이었다.

　당시 D사는 한국 콘텐츠를 수급함으로써 아시아에서 큰 성과를 거두고 있었는데 우리 회사 콘텐츠 또한 그들의 성과에 기여한 것이 분명했다. 따라서 그들은 무슨 일이 있어도 우리와 재계약을 체결하려고 할 것이다. '상대방에게 계약이 얼마나 중요한지'에 대해서는 파악되었기에 1차 목표는 달성한 셈이었다. 하지만 우리 또한 여유롭게 관조만 하고 있을 입장은 아니었다. 우리도 D사와의 재계약이 꼭 필요했다. 다른 국가에서의 한류 상황이 예전만큼 좋지 않았던 까닭에 D사와의 재계약을 통한 추가 매출 확보가 절실했던 것이다.

　하지만 상대방이 재계약을 원하는 것이 확실한 이상 '도어 인 더 페이스' 전략을 사용하기로 마음먹었다. 당시 콘텐츠 시장에 대해 간략히 설명하자면 세계 최대 규모의 OTT 플랫폼인 N사가 전 세계를 맹렬히 휩쓸기 시작하던 시점이었다. 우리나라에서도 서비스를 시작했는데 당시 우리 회사는 N사와의 거래는 검토하고 있지 않은 상태였다. 하지만 국내 일부 회사들이 N사에 콘텐츠를 공급하기 시작했는데 공급료가 당시 시장가를 훨씬 웃도는 수준이라는 소문이 업계에 팽배했다. 그만큼 N사는 한국 시장에 정착하기 위해 막대한 자금을 쏟아붓고 있었다. 나는 D사와의 협상에서 이러한 시장 상황을 활용하기로 마음먹었다.

　당시 우리와 비슷한 규모의 방송사들이 이미 D사와의 재계약 협상을 완료했는데 최종 10%에서 15%의 인상률을 기록했다는 사실을 확인할 수 있었다. 우리의 계약 만료 시점이 타사보다 6개월가량 늦었기에 타사의 인상률을 확인할 수 있었던 것이 유리하게 작용했다. 그보다 높은 수준으로 체결하기만 한다면 성공일 테니 말이다. 아마도 D사는 협상의 여지를 고려하더라도 우리가 최대 30% 수준으로 첫 제안을 해올 것으로 예상했을 것이다.

하지만 나는 처음부터 문을 확실하게 쾅 닫아버리기로 결심했다. 그리고는 바로 '100% 인상'을 요구했다. 인상안을 작성해서 '보내기' 버튼을 누르는 순간 손가락이 살짝 떨리는 듯 했으나 확신이 있었다. 다른 근거들 외에도 당시 N사가 한국 콘텐츠 수급에 뿌리는 돈이 어마어마한 점을 고려할 때 무리한 요구는 아니라고 판단했기 때문이다. 물론 N사와 D사의 사업 규모가 현저히 차이 나는 까닭에 D사가 우리 인상안을 받아들일 가능성이 매우 낮다는 것을 알고 있었다. 또한 비슷한 규모의 타 방송사들과 이미 계약 체결이 완료된 상황에서 우리에게만 엄청난 특혜를 줄 것이라고 기대하지도 않았다. 사실 최종 목표는 타사 대비 2~3배 높은 수준인 '30% 인상'이었다. 하지만 처음부터 30% 인상을 요구하면 결국 타사와 비슷한 수준에서 최종 타결이 될 것이기에 100%라는 충격적인 인상안을 제시하며 문을 쾅 닫아버린 것이다.

인상안을 메일로 받아 든 상대방의 표정이 눈앞에 그려지는 듯했다. 역시나 그들은 '이 금액을 믿을 수 없다'며 우리에게 재고해주기를 강력히 요청했다. 그들이 사용한 문구는 'unbelievable'이었지만 'Are you crazy?'라는 뉘앙스가 모니터를 뚫고 전해져 왔다.

하지만 기존 계약 만료일까지 약 5개월이 남아 있었다. 충분한 시간적 여유가 있었기에 당분간 이 태세를 유지하기로 마음먹었다. 그들 또한 전혀 예상치 못한 요구에 어찌할 바 몰라 하며 '버티기' 작전에 들어갔다. 1월 초쯤 논의를 시작했는데 서로 팽팽하게 대치하는 상황에서 어느덧 3월 말이 되었다. 3개월 동안 각자의 주장만 하며 입장차를 거의 좁히지 못하고 시간만 흘려보낸 것이다. 하지만 아직 2개월이라는 시간이 남아 있었다.

그러던 중 4월 초 깐느에서 밉티비 마켓이 열리게 되었다. 나는 출국을 며칠 앞두고 상대방에게 연락을 취했다. 밉티비 참가를 알리고 마켓 기간 중 바빠서 연락이 되지 않을 수도 있으니 양해를 바란다고 전했다. 표면상의 이유는 부재를 알리기 위함이었지만 실은 그들이 밉티비에 참가하는지 여부를 확인하고, 참가한다면 오랜만에 대면 미팅을 통해 분위기를 풀어보고 터닝 포인트를 마련해볼 심산이었다. 하지만 그들은 원래 밉티비에는 참가하지 않으며 이번에도 마찬가지라고 했다. 미팅이 필요하다면 그전에 한국으로 출장을 와주겠다고 한다. 내가 미팅을 하고 싶은지 떠보는 눈치였다. 나는 이번 출장에는 모처럼 본부장님이 특별히 동행하실 예정이라 준비 때문에 바빠 도저히 시간을 낼 수 없다고 답했다. 그러자 그들은 알았다고 하며 쿨 하게 전화를 끊었다.

출국이 이틀 앞으로 다가왔다. 나는 출장 준비를 하는 와중에 한편으로는 '앞으로 D사와의 터닝 포인트를 어떻게 마련해야 할까' 고

심 중이었다. 그때 마침 메신저 알람이 울렸다. 확인해보니 D사 담당
자였다. 내용인즉슨, 자신들도 깐느에 가기로 결정했으며 거기서 꼭
만나자는 것이었다. 심장이 콩닥거렸다. 잘해보고 싶었는데 어긋나
버린 썸남으로부터 '자니?'라는 문자를 받았을 때의 심정이랄까.

그렇다면 D사의 마음을 움직인 것은 무엇일까?

바로 그것은 우리 쪽 '본부장'님이 가신다는 정보였다. 그들에게
그 점을 강조하여 언급함으로써 이번 출장의 중요성에 대해 간접적
으로 알려준 것이다. 가뜩이나 우리가 자신 대신 N사와 동맹을 맺을
수도 있다고 마음 졸이던 상황에서, 중요한 미팅이 있어 깐느에 본부
장님까지 동행한다니 정신이 번쩍 들었을 것이다. 그 중요한 미팅이
N사일 거라는, 그리고 필사적으로 이 거래를 막아야 한다는 생각이
앞섰을 것이다. 사실 우리는 N사와 단 한 번도 만난 적이 없었고 이
번 밉티비에서도 그럴 일이 없었지만 말이다.

그렇게 몇 개월 만에 D사와 깐느에서 다시 만나게 되었고, 대화
는 급진전되었다. 내가 바라던 터닝 포인트가 그렇게 이루어진 것이
다. 우리는 서로 입장 차를 확인하고 서서히 간격을 좁혀가며 조건을
조율하기 시작했고 결과적으로 내가 바라던 30% 인상률로 재계약을
체결할 수 있었다.

이렇듯 상대방에게 계약이 꼭 필요한 경우라면 '도어 인 더 페이
스' 전략이 빛을 발할 수 있다. 처음에 진입장벽을 높이 세움으로써
충격을 주고 나면 그다음부터는 우리의 조그마한 움직임에도 레이더

를 세우고 손쉽게 반응을 해올 것이다. 그때부터 협상은 우리가 원하는 방향대로 유유히 흘러갈 것이다.

그렇다면 상대방에게 계약이 절실하지 않은 상황이라면 어떤 전략을 사용하면 좋을까? 예를 들면 한류가 아직 퍼지지 않은 국가의 TV 방송사에 콘텐츠를 판매해야 한다면? 다음의 세 가지 방법을 추천한다.

첫 번째, 풋인 더 도어(foot in the door)전략이다.

이 전략은 '문간에 발 들여놓기' 전략이다.

사람들은 작은 요청에는 쉽게 거절하지 못한다. 100만 원을 빌려달라는 부탁에는 멈칫할 수 있지만 1만 원만 빌려달라고 하면 선뜻 내어주는 경향이 있다. 따라서 상대방에게 작은 호의를 요청해서 먼저 들어주게 만든 다음 정말로 원하는 것을 요구한다면 상대방의 심리적 방어선이 무너진 상태이기 때문에 수락할 가능성이 높아진다.

'풋 인 더 도어'란 문 안쪽으로 들어가기 위해 먼저 발만 살짝 들여놓은 뒤 점진적으로 몸통을 들이미는 방식으로서 이 또한 잘 알려진 협상 용어 중 하나다.

구체적인 방법으로는 아직 한류가 퍼지지 않은 신시장에 가격이 낮은 구작 드라마나 다큐멘터리 같은 콘텐츠를 '무상 제공'하거나 물품 가공비 등만 받고 '헐값'에 제공하는 것이다. 상대방 입장에서는 콘텐츠 구매에 지출한 비용이 없기 때문에 광고수익 등을 통해 보전해야 하는 부담이 사라진다. 성공하면 더할 나위 없이 좋고 실패하더라도 좋은 시도였을 뿐 별다른 비용 손실이 없기 때문에 면책이 된다. 이렇게 시험 삼아 틀어본 콘텐츠가 시청자들의 인기를 끌게 되면 그때 우리는 추가적으로 다른 콘텐츠를 제값에 판매하면 되는 것이다. 발을 살짝 들여놓았는데 안에서 따뜻하게 감싸주니 본격적으로 몸통을 들이미는 방식이다. 이런 식으로 한 국가에 한류가 서서히 번지게 된다. 실제로 수년 전 피지(Fiji)의 주요 방송사인 Fiji TV에 본사 드라마가 거의 무상에 가까운 금액으로 공급된 적 있었는데, 덕분에 내가 담당할 당시 Fiji TV와 추가 계약이 이뤄질 수 있었다.

요즘처럼 OTT가 먼저 시장에 진입하는 경우 또한 우리 입장에서 보면 '풋 인 더 도어'로 볼 수 있다. 글로벌 OTT 공룡들의 경우 판권을 구입할 때 '전 세계'를 대상으로 진행하는 경우가 많은데 우리 입장에서는 그들이 콘텐츠 홍보를 대신해주고 있는 셈이다. 예를 들면 〈오징어 게임〉은 넷플릭스를 통해 전 세계 구석구석 퍼지게 되었는데 덕분에 그동안 판매가 단 한 건도 없었던 아프리카에까지 한국 콘텐츠를 알릴 수 있게 된 것이다. 이를 통해 그 나라 국민들이 한국 콘텐츠에 대해 긍정적인 인식을 가질 수 있다면 이를 계기로 TV 시장 진출까지도 가능해질 것이다.

두 번째, '군중심리'를 이용한 전략이다.

사람들은 이미 검증된 것을 좋아한다. 인기가 많은 사람은 다른 사람들도 덩달아 좋아하는 경향이 있다. 인싸는 계속 인싸가 되고 아싸는 계속 아싸가 되는 무한 고리의 순환이 발생하는 이유다. 이는 바로 군중심리 때문이다.

군중심리를 판매에도 적용시켜보자. 한류 시장에서 이미 검증된 콘텐츠를 홍보하여 그들의 의심을 줄여 수락하도록 만드는 것이다.

나는 신시장 지역에 판매할 때는 주로 한류 대표 콘텐츠들을 무기로 사용한다. 예를 들면 전 세계 80개국 이상에 수출된 대표 한류 드라마, 아시아뿐만 아니라 유럽과 미국까지 진출한 인기 예능 포맷 등을 집중 홍보한다. 콘텐츠 구매자 입장에서 보면 이미 인기가 검증된 콘텐츠를 방영하는 것이 리스크 헤지 측면에서 현명한 선택이기 때문에 구매를 적극적으로 고려할 수 있게 된다.

또한 앞서 말한 〈오징어 게임〉처럼 한류 콘텐츠에 대한 전 세계 군중 심리가 폭발한 시점을 이용하여 적극적으로 TV 시장에도 진출하는 것이 좋겠다. 물 들어올 때 노 젓는다면 큰 노력을 들이지 않고서도 좋은 결과를 낼 수 있기 때문이다.

이렇듯 신시장 지역에서처럼 상대방의 계약에 대한 욕구가 크지 않을 때는 군중심리를 이용하는 것이 좋은 방법이 될 수 있다.

방송국에서 드라마 파는 여자

세 번째, '약한 고리 뚫기' 전략이다.

신시장 국가를 담당하다 보면 막막한 기분이 들곤 한다. 그동안 한 번도 거래가 없던 국가라면 더욱 그러하다. 어느 방송사에 연락을 해야 하는지, 담당자가 누구인지조차 알 수 없는 경우가 허다하다. 그래서 각 국가별 주요 방송사 홈페이지에 들어가 담당자 연락처를 겨우 찾아내 메일을 보내본다. 하지만 대부분의 경우 아무런 답변이 없다. 왜냐하면 접근 방식부터 잘못되었기 때문이다. 왜 그럴까?

한 국가의 주요 방송사라면 그 해 편성 스케줄이 이미 꽉 들어차 있을 확률이 높다. 또한 자신이 제작한 콘텐츠를 편성해주길 바라는 제작사들의 러브콜이 줄지어 있을 가능성이 높다. 여기에 더해 세계 콘텐츠 시장에서 새로운 바람을 일으키고 있는 터키 드라마, 인도 드라마 등 한류 콘텐츠가 아니더라도 편성을 고려해볼 만한 해외 콘텐츠들이 우후죽순 늘어나는 중이다. 이런 상황에서 우리가 한국에서 아무리 '난다 긴다' 하는 방송사라고 소개해도 그들에게는 수많은 고려 요소의 하나, 1/n 정도일 뿐이다. 우리 소개 자료는 클릭조차 되지 않고 사뿐히 휴지통으로 골인되는 경우가 더 많다.

따라서 신시장을 공략하고자 할 때는 진입장벽이 높은 상대를 노리기보다 약한 고리를 먼저 공략하는 방법이 효과적일 수 있다. 다소 인지도가 낮은 후발 주자에게 먼저 접근하는 것이다. 이들은 언제쯤이면 주요 방송사의 위치에 오를 수 있을지 고심하며 '한 방'을 노리고 있기 때문에 새로운 콘텐츠를 수용하는데 훨씬 적극적일 수 있다. 그리고 이미 기득권이 되어버린 방송사보다 훨씬 유연한 방침으로 콘텐츠를 수급하는 경향이 있기 때문에 의사 결정 속도도 빠른 편이다. 이렇게 해서 일부 국민의 마음이라도 사로잡게 된다면 점점 주요 방송사들도 한국 콘텐츠를 눈여겨보게 될 것이다. 이렇게 그 나라 방송 시장의 약한 고리를 뚫고 나서 점점 강한 고리 쪽으로 나아갈 수 있다.

지금까지 상대방에게 계약이 얼마나 중요한지, 그 중요도에 따라 각각의 전략을 나누어 살펴보았다.

정리하자면, 상대방에게 계약이 꼭 필요한 경우 '도어 인 더 페이스(door in the face)' 전략을, 그렇지 않을 경우에는 '풋 인 더 도어(foot in the door)', '군중심리 이용', '약한 고리 뚫기' 전략 등을 사용해 보는 것을 추천한다.

5
누가 먼저 말할까?!

어반자카파와 소유가 부른 〈틈〉이라는 노래가 있다. 이 노래에서는 남녀가 사귀기 전, 서로의 감정 크기를 재며 고민하는 심리가 잘 드러난다.

남자 : 틈을 보여줘
여자 : 서두르진 마
남자 : 티 좀 내줄래
여자 : 나도 여잔데

남자는 여자가 자신에게 마음이 있는 거라면 여지를 남겨주길 바란다. 섣불리 고백했다 거절당할까 봐 두려운 것이다. 반면 여자는 '남자가 좋아해야 행복하다'는 말을 듣고 자란 탓에 자신의 마음을 최대한 숨기고 싶어 한다. 그럼에도 불구하고 남자가 먼저 다가와주고 확신을 주길 바란다.

이 심리의 기저에는 연애를 할 때 주도권을 잃지 않고 싶다는 욕망이 깔려 있다. 먼저 마음을 확실히 드러내고 '사귀자'라는 말을 하는 쪽이 어쩔 수 없이 관계에서 약자가 될 가능성이 높기 때문이다.

협상에서도 본 게임은 이렇게 치열한 눈치싸움으로 시작된다. '누가 먼저 거래 조건을 말하느냐'에 따라 협상 우위가 판가름 날 수도 있기 때문이다.

우리 회사는 드디어 N사에 콘텐츠를 공급하기로 결정하였다. N사는 세계 최대 OTT 플랫폼 중 하나다. 그동안 N사를 향해 성문을 꼭꼭 걸어 잠갔지만 이제 그 문을 조금씩 열기로 한 것이다. 그만큼 N사는 콘텐츠 시장에서 거스를 수 없는 큰 흐름이었다.

그렇다면 N사와는 어떤 조건으로 계약을 체결해야 할까? 처음 거래를 트는 업체와 협상을 할 때 가장 난감하다. 이전 거래가 한 번이라도 있었다면 레퍼런스(참고기준)가 생겼기 때문에 그에 준하여 협상을 시작하면 된다. 하지만 처음 거래를 시작하는 업체와 협상을 할 때는 어디서부터 어떻게 접근해야 하는 건지 쉽사리 감을 잡기 어려운 경우가 많다. 더군다나 N사의 수급 금액이 당시 시장가를 훌쩍 넘는다는 소문이 파다했기에 '훌쩍'의 수준이 어느 정도인지 가늠할 수가 없었다. 마치 망망대해의 한 가운데 표류하고 있는 심정이랄까. 일

방송국에서 드라마 파는 여자

단 닻은 내려야겠는데 서해인지, 동해인지 방향조차 알 수 없었다.

이럴 때 섣불리 닻을 잘못 내리는 경우가 있는데 주의해야 한다. 뭍에 너무 가까이 내려서도, 너무 깊숙이 내려서도 안 된다. 다시 말해 상대방을 과소평가하여 너무 싼 금액을 제시하는 바람에 우리가 큰 손해를 봐서도 안 되고, 상대방을 과대평가한 나머지 과도하게 높은 금액을 제시해서 상대방이 거래에 대한 마음을 접도록 해서도 안 된다. 이럴 때는 어떻게 해야 할까?

상대방에 대해 잘 알지 못하거나
상대방이 명확한 거래 기준을 보유하고 있는 경우

이때는 상대방이 먼저 조건을 제시하도록 유도하는 것이 좋다.

N사는 한국의 여러 방송사나 제작사들과 이미 계약을 체결한 상태였기 때문에 이를 통해 한국 시장에 대한 거래 기준이 어느 정도 수립되었을 것이다. 이 경우 우리가 아무리 뛰어난 협상 기술을 발휘한다 하더라도 콘텐츠가 독보적으로 뛰어나지 않은 이상 타사와 비슷한 수준에서 조건이 책정되기 마련이다. 상대방 입장에서 보면 회사 규모나 콘텐츠 가치 등이 엇비슷한 상황에서 한 업체에게만 눈에 띄는 특혜를 주게 되면 다른 거래처들과는 갈등을 빚을 수밖에 없기 때문이다. 상대방이 우리와 독점적 '꽌시'를 맺고 있지 않은 이상 어차피 조건은 크게 달라지지 않을 것이다. 따라서 타사의 조건 대비 조금이라도 더 높은 수준으로만 계약을 체결할 수 있다면 성공이다.

이렇듯 상대방이 명확한 거래 기준을 보유하고 있거나 상대방에 대해 잘 알지 못할 때에는 상대방이 먼저 조건을 제시하도록 하는 것이 좋다(물론 이 조건이 터무니없는 수준인 건 아닌지 여러 루트를 통해 정보를 수집하려는 노력 또한 필요하지만).

그렇지 않고서 성급히 우리 쪽에서 먼저 조건을 제시했다가는 승자의 저주(Winner's Curse)에 빠질 수도 있다. 기준 설정을 잘못해서 상대에게 훨씬 유리한 금액을 제시하는 바람에 상대가 덥석 물어버리는 경우다. 이 경우 우리는 크게 손해 봤다는 생각이 들어 협상 결과에 만족하지 못할 것이다.

나는 N사에게 조건을 먼저 제시해달라고 요청했다. 그들의 영향력을 존중하고 신뢰하는 차원에서 그들의 거래 기준에 대해 알고 싶어 하면서 말이다.

요청대로 N사는 한국 시장에서 새롭게 마련한 거래 기준을 토대로 조건을 제시해왔다. 이는 상호 신뢰를 위해, 나아가 한국 시장에서의 신뢰성 확보를 위해서라도 기준에서 무리하게 벗어난 수준은 아닐 것이다. 다만 협상의 여지를 고려하여 기준보다는 다소 높은 수준으로 책정하였을 것이다. 이러한 점들을 고려해볼 때 N사가 한국에서 시행 중인 거래 조건을 짐작할 수 있다. 나는 N사가 제시한 조건보다 높은 금액을 카운터 오퍼(Counter Offer, 역제안)한 뒤, 서로 조율하는 과정을 거쳐 최종적으로 N사의 제시 조건보다는 다소 상회한 수준에서 계약을 체결할 수 있었다.

방송국에서 드라마 파는 여자

상대방에 대해 잘 알고 있거나

우리 쪽에서 명확한 거래 기준을 보유하고 있는 경우

이때는 우리 쪽에서 먼저 조건을 제시하는 편이 유리할 수 있다. '앵커링 효과(Anchoring Effect)' 때문이다. 앵커링 효과란, 배가 닻이 내려진 주변에만 머물며 벗어날 수 없듯이 상대방의 무의식에 선을 그어줌으로써 생각이 그 안에서만 머물 수 있도록 하는 효과를 말한다.

나는 요즘 15년간 묵혀둔 장롱면허를 꺼내 운전 연수를 받고 있다. 연수를 받기 위해 운전학원에 전화를 걸었다. 상담사는 나에게 강사 두 분이 연락을 할 테니 그중 마음에 드는 사람으로 정하면 된다고 안내해주었다. 알았다고 하고 다른 일처리를 하다 보니 부재중 전화가 2통 찍혀 있다. 그중 아무거나 눌리는 대로 통화 버튼을 눌렀다. 어차피 2번의 통화 기회가 있었기 때문이다. 전화를 받으신 1번 강사님이 말씀하신다. "안녕하세요. 시간은 언제부터로 할까요? 내일은 어떠세요?" 움찔하다. 그분이 친절하게 잘 가르쳐주실 수 있는 분인지 '일단 탐색'을 하려고 했는데 처음부터 훅 들어오시는 거다. 얼떨결에 이렇게 답을 할 수밖에 없었다. "네, 내일은 안 되고 모레부터 가능할 것 같아요." 그러자 강사님은 "알겠습니다. 그럼 모레부터 시작하시죠. 계좌번호 찍어드릴 테니 입금 부탁드릴게요."라고 하셨고 나는 바로 입금까지 완료했다. 당연히 2번 강사님은 나랑 전화 통화 한 번 못 해보고 기회를 날려버리게 되었다.

이것이 바로 '앵커링 효과'다. 만약 1번 강사님이 이런 식으로 말씀하셨다면 어땠을까? "안녕하세요. 제가 잘 가르쳐드리겠습니다. 알아보시고 연락주시면 감사하겠습니다." 그랬다면 나는 두 분의 강사님을 저울질해보다가 더 마음이 가는 쪽으로 선택했을 것이다. 하지만 1번 강사님이 자신에게 연수를 받는다는 것을 '기정사실'로 하고 미리 닻을 내려버린 까닭에 내가 딴 생각을 할 수 없도록 만들어버리신 거다. 1번 강사님은 영업에 대해 조금이라도 알고 계시는 분임에 틀림없다.

협상에서 가격을 먼저 말하는 것이 유리한 이유가 바로 이 '앵커링 효과' 때문이다.

상대방에게 "닻을 내릴 곳은 동해도, 남해도 아닌 서해야!"라고 명확한 범위를 제시해주면 상대방은 이를 협상의 '전제'로 여겨 생각의 틀이 서해를 벗어날 수 없게 된다. 조파(Zone of Possible Agreement, 합의 가능영역)를 벗어나 협상 결렬 상태로 치닫는 것을 원치 않을 것이기 때문이다.

자, 정리해보자. 조건을 누가 먼저 제시하는 것이 유리한지 묻는다면, 답은 '상황에 따라 다르다'이다.

상대방 측이 명확한 거래 기준을 보유하고 있거나 상대방에 대해 잘 모른다면 아무 곳에나 닻을 성급히 내리려 하지 말고 상대방에게 일단 키를 넘겨주어라.

반대로 우리가 명확한 거래 기준을 보유하고 있거나 상대방에 대해 잘 알고 있다면 우리 쪽에서 닻을 내려 상대방을 유도하는 편이 유리할 것이다.

6

원원(Win-Win)?!

오래전 입사 면접을 볼 때가 생각난다. 당시 신입사원 채용 절차는 총 5단계였는데 그중 네 번째가 다면심층평가였다. 1박 2일 동안 회사 연수원에서 여러 가지 과제를 수행하는 과정으로서 태어나서 처음으로 "머리에 쥐 난다"는 표현의 의미를 알게 되었던 시간이다. 그중 하나가 바로 '협상'이었다.

6명이 한 조로 구성되어 각자 사업 아이템을 하나씩 선정한 뒤 나머지 5명에게 설명하고 그들을 설득하는 과제였다. 그렇게 함으로써 한정된 예산 안에서 최대한 많은 예산을 확보해내는 것이 목표였다. 인사부 담당자는, 최종적으로 예산을 가장 많이 따낸 사람이 가장 높은 점수를 부여받게 된다는 말을 덧붙였다.

우리는 약 1시간 정도 준비 시간을 거쳐 각자 사업 아이템을 하나씩 선정했고 다음 1시간 동안 협상에 돌입했다. 자신이 하고자 하는 사업이 얼마나 중요한지, 그래서 예산이 얼마나 많이 필요한지에 대해 나머지 조원들을 설득하는 과정이 이어졌다. 각자 스티븐 잡스, 마크 주커버그, 셰릴 샌드버그가 되어 자신의 사업에 진심이었다. 하지만 열기가 점점 과열되는가 싶더니 조금씩 균열이 발생하기 시작했다. 다른 사람의 사업을 은근히 깎아내리기도 하고 말도 안 되는 논리로 억지 주장을 펴기도 하는 등 이번 과제를 통해 합격에 한 걸음 다가가기 위해 모두가 고군분투하고 있었다. 상대방의 예산을 빼앗아야 내 사업이 승리하는 '제로섬(Zero-sum) 게임'이었다.

나는 점점 스스로의 사업에 대해 설득력을 잃어갔다. 애써 생각해 낸 사업은 공익 목적이 큰 까닭에 말하다 보니 예산이 생각보다 많이 필요치 않을 것 같았기 때문이다. 공익사업은 기부를 통해 별도 예산을 충족시킬 수 있다는 점을 아이템 선정 시 간과했던 것이다. 반면 다른 사람들의 사업은 예산 확보가 상대적으로 많이 필요해보였다. 나는 상대방을 인정하지 않을 수 없었다. 결국 예산을 많이 양보하고야 말았다. 최종적으로 따낸 예산은 6명 중 5등, 거의 꼴찌였다. 나는 이번 과제로 인해 합격에서 한 걸음 멀어졌다고 생각했다.

그 후 어찌어찌하여 최종 면접까지 합격을 하고 나서 처음 배치 받은 부서는 인사부였다. 인사부에 배치 받은 신입사원에게는 특권이 하나 주어지는데 바로 자신의 입사 점수를 확인할 수 있다는 점이다. 인사부가 채용을 주관하기 때문에 모든 기록이 품의서에 남아 있는 까닭이다. 나는 긴장되는 마음으로 조심스레 품의서를 열어보았다. '누가 나에게 높은 점수를 주었는지, 어떤 과제에서 점수를 잘 받았고 또 못 받았는지' 실눈을 가늘게 뜨고 확인하기 시작했다. 그러다 예상치 못한 점수에서 깜짝 놀랐다. 바로 그 협상 과제 때문이었다. 내가 가장 못했다고 생각한, 불합격했다면 가장 큰 원인이었을 거라 생각한 그 과제에서 높은 점수를 받았던 것이다.

그제야 비로소 깨달았다. '예산을 가장 많이 따낸 사람이 가장 높은 점수를 받는다'는 인사부 진행요원의 말은 미끼였다는 것을. 옆에 조그맣게 적힌 평가 항목을 보니 그 과제에서 평가하고자 했던 덕목 중 하나는 바로 '통합 조정력'이었다.

사람들은 '협상가'라고 하면 색안경을 끼고 바라본다. 치열한 두뇌 싸움을 통해 무슨 수를 써서라도 이기려는 사람의 이미지를 떠올리곤 한다. 상대방을 장악하고 KO 패 시키는 '쌈닭'을 연상하기도 한다.

하지만 협상에서 '이긴다'는 것은 그런 의미가 아니다. 협상에서는 '양쪽 모두 원하는 가치를 얻어내는 선에서 타협하는 것'을 승리로 본다. 다시 말해, 내가 100을 얻기 위해 상대방을 0으로 만들어서도 안 되고 상대방이 100을 다 가지도록 무조건 양보해서도 안 된다. 꼭 결과물이 50대 50으로 한 치의 오차 없이 완벽하게 동등할 필요는 없지만, 양쪽 모두 '손해 보지 않았다'는 생각이 든다면 그 협상은 '잘된 협상'이다. 나 역시 신입사원 채용 과제에서 상대방에게 예산을 많이 양보한 것 때문에 점수를 잘 받은 것은 아닐 것이다. 상대방과

방송국에서 드라마 파는 여자

내 사업에 대해 객관적으로 판단해봄으로써 양보할 것은 양보하고 얻을 것은 얻으며 시너지를 낼 수 있는 방향으로 통합 조정을 한 까닭일 것이다.

그렇다면 이런 의문이 들 것이다. '완벽히 50대 50이 아닌 이상 결국 누구 하나는 손해를 본 것이 아닌가요?'

그럴 수 있다. 절대적인 수치로만 놓고 본다면 어느 한쪽은 이익을 더 많이 본 것처럼 보일 수도 있다. 하지만 협상 결과에서 중요한 점은 각자 원하는 '가장 중요한 가치'를 얻어냈는지의 여부다. 양쪽이 원하는 가치는 서로 다를 수 있기 때문이다.

사람들은 언제나 자신을 기준으로 상대방을 해석하는 경향이 있다. 결혼을 해서 행복한 사람은 비혼주의가 진정한 행복이 아니라고 생각한다. 성취욕이 많은 사람은 천천히 여유를 즐기며 사는 삶이 별 의미가 없다고 생각할 수 있다. 간접소통을 좋아하는 사람은 직접소통을 하는 사람이 부담스럽다. 반대로 직접소통을 좋아하는 사람은 간접소통을 하는 사람이 의뭉스럽다.

협상을 할 때도 마찬가지다. 만약 나에게 '가격'이 가장 중요한 가치라면 상대방도 그럴 것이라 짐작해서 '가격' 하나만을 두고 줄다리기 하려는 경우가 많다. 하지만 상대방은 가격이 크게 문제되지 않을 수도 있다. 오히려 좋은 콘텐츠만 수급할 수 있다면 가격보다는 충분한 계약 기간과 허용 기기, 방영 횟수, 유연한 입금 스케줄 등 다른 조건에 더 큰 가치를 두는 경우도 많다.

따라서 협상을 할 때는 자신이 가장 원하는 가치는 되도록 사수하되 다른 조건들에 대해서는 유연한 태도로 양보할 수도 있어야 한다. '조파(Zone of Possible Agreement, 합의 가능 영역)' 안에서 양쪽이 각자 원하는 가치를 얻어냈다면 그 협상이 바로 '윈윈(win-win) 협상'이다.

그렇다면 또다시 의문이 들 수도 있다. '왜 협상은 윈윈이어야 할까? 모든 조건을 우리 쪽에 유리하도록 쟁취해냈을 때 그것이 잘된 협상 아닐까?'

협상에서 '윈윈'해야 하는 이유는 다음과 같다.

첫 번째 이유, 거래는 '일회성'이 아니기 때문이다.

물론 일회성 거래도 있다. 하지만 우리 목표는 상대방과 '파트너십'을 맺는 것이다. 장기적으로 볼 때 그것이 더 큰 이득이기 때문이다.

항상 자신의 이익만 취하려고 하는 '테이커(taker)'와 파트너가 되려는 사람은 없다. 그렇다고 돈이 걸린 협상에서 마냥 '기버(giver)'가 될 수는 없기 때문에 최소한 '매처(matcher, 아담 그랜트가 《기브 앤 테이크》에서 제시한 3가지 인간상으로서 기버(giver), 테이버(taker), 매처(matcher)가 있다.)'가 되어야 하는 것이다. 그것이 인간관계를 원활히 이끌어가는 비결이고 협상 테이블에서도 통하는 상식이다. 꼭 이기주의를 지양해야 한다는 윤리적 측면이 아니더라도 인간관계가 굴러가는 법칙이 그렇기 때문에, 그리고 좋은 파트너가 되기 위한 방법이 그것밖에 없기 때문에 그렇다. 그래서 협상을 할 때 우리뿐만 아니라 상대방도 만족시킬 수 있는 윈윈의 결과를 내야 하는 것이다.

두 번째 이유, 상대방을 패하게 만들려는 잠재의식이 나 또한 성공으로부터 멀리하게 만들기 때문이다.

누군가의 실패를 바란 적 있는가? 그럴 때마다 웬일인지 상대방은 일이 더 잘 풀리고 나는 점점 수렁에 빠져 들지 않았던가? 맞다. 기분 탓이 아니라 정말로 그랬을 것이다.

최승목 저자의 《성경에서 심리학을 읽다》라는 책에 나오는 내용이다. '머피의 법칙'으로 유명한 조셉 머피 박사가 이런 말을 했다고 한다. "경쟁자가 실패하기를 마음속으로 기원하면 잠재의식은 누가 실패했는지는 잘 모르고 단지 실패만을 기억하게 된다. 그에 따른 부작용은 다시 본인에게로 돌아오게 된다." 다시 말해, 저자는 우리 내면세계에서 특정 대상을 향해 어떤 메시지를 전달할 때 대상은 기억하지 못하고 메시지만 기억하는 경우가 많다고 말한다. 만약 누군가 실패하기를 바란다면 내 무의식은 그 대상을 기억하는 대신 '실패'라는 메시지만 기억한다는 것이다. 결국 나의 행동이 실패하게끔 잠재의식이 나를 인도하게 된다는 것이다.

이렇듯 상대방을 패하게 만들어서 나 혼자 이기려는 생각은 결코 승리할 수 없다. 상대방 또한 잘 되기를 응원해야 한다. 그래야만 그들의 성공 에너지가 우리에게까지 전달되어 다 같이 잘되는 선순환이 일어날 수 있다.

자, 이제 권투 경기처럼 짜릿하게 KO 승을 거두는 것이 협상의
목표라는 착각에서 벗어나자. 협상은 제로섬 게임이 아니다. 정유정
작가의 소설 《종의 기원》에 나온 말로 이번 장을 마무리하려 한다.

"네가 떠밀면 너도 떠밀리는 게 세상 이치야.
떠밀지 않고 떠밀리지 않는 게 정답이야."

방송국에서 드라마 파는 여자

7

선한 본성에 의지하라

나는 사람을 잘 믿는 편이다. 상대방이 겉으로라도 친절하게 대해주면 좋은 사람이라고 생각하고, 그렇지 않으면 나를 싫어한다고 생각하는 단순한 면도 가지고 있다. 물론 사회생활에서는 반대의 경우도 많아서 뒤통수 맞았다는 것을 나중에야 깨닫고 한동안 사람들이 악마처럼 보였던 시기도 있었지만 말이다. 또한 우리 주변에 소시오패스들도 함께 살아간다는 것을 알게 된 후로 사람을 무턱대고 믿으려 하는 경향은 줄었지만, 기본적으로 사람을 잘 믿고 그들의 호의를 기꺼이 받는 편이며 나 또한 언젠가는 그들의 호의에 꼭 보답하려고 한다.

'팔랑귀'와 '남의 말을 곧이곧대로 듣는 성향' 탓에 인생에서 좌충우돌하는 경우도 있었다.

해외 패키지여행에서는 가이드의 현란한 말발에 속아 만병통치약

처럼 느껴지는 약을 수십만 원어치나 사 온 적이 있다. "이 약만 잡솨봐. 혈관 속 찌꺼기를 99%나 청소해준다니까"라며 부추기는 바람에 '아빠의 고혈압은 내 손으로 치료한다!'는 효심이 냉큼 발휘되고 만 것이다.

〈나는 솔로〉 같은 프로그램에서처럼 한정된 공간에서 벌어지는 감정적 알력다툼에 휘말리기도 했다. 방송이 사회의 축소판인 것처럼 현실에서도 마찬가지다. 말이 개입되고 견제가 일어난다. 나 또한 공개 혹은 비공개로 내게 전해지던 참인지 거짓인지 알 수 없는 정보들로 인해 팔랑 귀와 레이더의 펄럭임이 그칠 새 없었다. 정작 나는 아무 일도 없는데 이러한 상황이 계속되자 스트레스가 쌓여서 결국 주변 사람들에게 폭발하고 말았다. 애초 내게 제공된 잘못된 정보가 혼돈의 시작이었고 그로 인해 상황과 감정에 과잉 몰입한 탓이었다. 지금 생각해도 손발이 오그라든다.

이러한 쓰디쓴 경험들에도 불구하고 기본적으로 사람의 선한 본성을 믿으려 하고 또한 실제로 잘 믿기도 하는 편이다. 상대방에게 좋은 사람이 되고 싶고, 상대방 또한 나에게 좋은 사람이 되어주었으면 하는 바람이 항상 마음속에 깔려 있다. 결과적으로 이러한 면은 협상을 할 때 사기를 당하기보다 도움이 된 적이 더 많았다.

사람들은 선한 본성을 가지고 있다. 그리고 누구나 '좋은 사람'이고 싶어 한다. 다만 이 험난한 세상에서 살아남기 위해, 공격이 최상의 방어가 되는 환경에서, 남의 병보다 내 발가락의 티눈이 더 아픈 인지상정으로 인하여 그냥 자신이 조금 더 소중하고 각자에게 인생이 절박할 뿐이다. 하지만 좋은 사람으로 믿어주고 그렇게 대하면 상대방은 정말로 나에게 좋은 사람이 된다.

협상을 할 때도 마찬가지다. 처음부터 의심의 눈초리로 방어벽을 높이 세우며 상대방을 심문하듯 대하지 말고 그를 믿는다는 것을 보여주어라. 그들은 여건이 허용하는 한 그 믿음에 보답하려고 할 것이다.

상대의 선한 본성을 이용하는 것 아니냐고? 우리도 기회가 왔을 때 그들의 호의에 보답하면 된다. 이렇게 하나둘씩 서로의 호의가 번갈아 쌓이면서 굳건한 신뢰가 형성되고 장기적인 파트너십이 탄생하는 것이다.

완벽주의자들에게는 이것이 익숙지 않을 수도 있다. 자신이 모든 상황과 사람을 통제해야 직성이 풀리기 때문이다. 그들에게는 남의 도움을 받는 것이 자존심 상하는 일이다. 자신의 실력으로, 자신의 의지대로 모든 상황을 이끌면서 만들어내는 성취가 진정한 실력이라고 착각한다.

하지만 이 세상에 완벽한 사람은 없다. 모든 것이 자기 뜻대로 이뤄지는 인생은 없다. 사랑받는 것도, 도움을 잘 받는 것도 능력임을 알아야 한다. 혼자 사는 세상이 아닌 이상, 협력을 통해 나오는 결과 또한 실력임을 알아야 한다. 나 또한 어느 정도 완벽주의적인 성향을 지닌 탓에 스스로 통제하려는 태도를 지닐 때가 있지만, 결국 주변의 도움을 받아야만 살아갈 수 있다는 것을 깨닫고는 한다.

스위스 국민 작가 로베르트 발저의 《산책자》에는 '황새와 호저 이야기'가 나온다. '황새'는 긴 다리와 멋진 자태를 지녔다. 외모에서 나오는 자부심으로 인해 마음에 여유가 있고 너그럽다. 이에 반해, '호저'는 짧은 다리에 못생기고 몸은 가시로 뒤덮여 있다. 콤플렉스로 인하여 남에게 마음을 잘 열지 못하고 숨어 지낸다. 하지만 자존심이 센 탓에 겉으로는 멋있는 척하며 뻐기는 버릇이 있다.

황새는 이러한 호저가 안타깝다. 사랑을 주어 구원하고 싶은 선한 본성과 영웅 심리가 발동한다. 하지만 호저는 가시 외투 뒤에 숨어 더욱 더 자존심을 내세운다. 황새가 자신을 동정한다며 거부한다. 황새는 점점 더 애가 타 호저를 이상화하는 경지에 이른다. 결국 마음 아파하며 눈물까지 흘리고 만다. 호저는 끝끝내 황새에게 마음을 열지 않고 묘한 승리감을 느낀다.

호저가 황새를 거부한 것이 진정한 승리라고 말할 수 있을까? 아니다. 호저는 자신의 가시 외투로 인하여 결국 다시 공허해지고 외로워지고 말 것이다. 잠깐의 자존심을 세울 수는 있었겠지만, 다른 사람이 내민 손을 거부한 대가를 톡톡히 치를 것이다. 타인의 사랑과 도움을 받는 것은 결코 자존심 상하는 일이 아니다. 언젠가 보답할 기회는 반드시 온다. 내가 호저라면 황새의 사랑을 받고 나의 가시 외

방송국에서 드라마 파는 여자

투로 그를 보호해줄 것이다.

완벽하지 않은 사람들끼리 서로 도움을 주고받으며 더불어 사는 것이 사람 사는 법칙이듯, 이 법칙은 사람이 하는 협상에서도 반드시 통한다는 것을 기억하자.

상대의 선한 본성에 의지하라.
그들은 당신에게 기꺼이 좋은 파트너가 되어줄 것이다.

8

Push 하지 말고 Pull 하라

많은 심리학책들은 우리 내면의 '어린아이'에 대해 말한다. 우리
마음속에는 아직 덜 자란 어린아이가 살고 있어서 별안간 튀어나와
사고를 치기도 하고 사람들과의 관계를 어렵게 만들기도 한다는 것
이다. 우리는 성장하면서 사회화되고 절제력이 생기며 조금 더 지혜
로워졌을 뿐, 내면에는 여전히 이러한 어린아이가 웅크린 채로 함께
살아간다.

어린아이의 특징 가운데 하나는 바로 '청개구리'라는 점이다. 누
가 강요하면 삐딱해진다. 붙잡으려고 하면 도망간다. 가만히 내버려
두면 알아서 제자리를 찾아온다.

어린 시절, 막 공부하려는데 엄마가 '공부하라'고 하면 갑자기 의
욕이 확 꺾여버리는 경험을 해본 적 있을 것이다. 불량식품은 몸에
좋지 않다고 손도 못 대게 하면 몰래 숨어서 기어코 한입이라도 베

어문다. 보지 말라는 성인 영화는 눈이 벌게져서라도 꼭 찾아보고야
만다.

협상을 할 때도 이 점을 기억해야 한다. 상대방은 '사람'이고 사람
은 누구나 내면에 '어린아이'가 있기 때문이다.

나는 콘텐츠를 홍보할 때 사라고 강요하지 않는다. 어린 시절 우
리 엄마처럼 숟가락을 들고 따라다니면서 음식물을 애써 떠먹여주지
않는다. 대신, 음식 냄새를 풀풀 풍기면서 맛있게 먹고 있다. 그리고
냄새를 맡고 다가오는 사람과는 즐겁게 대화를 하며 함께 나누어먹
는 식이다.

다시 말해, 판매하고자 하는 콘텐츠를 충분히 홍보한다. 추가 자
료를 요청하면 최대한 성실하고 친절하게 제공한다. 그리고 다른 업
체들도 관심을 보인다는 사실을 알리며 경쟁심리를 부추긴다. 경우
에 따라 동기부여를 해주기도 한다. 서로 파트너가 되었을 때의 청사
진을 제공하는 것이다. 예를 들면 리메이크권 계약이 체결된다면 제
작진 파견 같은 지원을 해줄 수도 있다는 이야기를 덧붙인다. 그리고
콘텐츠를 사고파는 것에서 나아가 공동 제작, 홈쇼핑 사업 등 신사업
을 함께 할 수 있는 가능성에 대해서도 암시한다.

그리고 나서 가장 중요한 점, 가만히 기다리는 것이다. 내 할 일은
이것으로 끝이다.

그렇게 기다리다 보면 관심 있는 업체가 연락을 해온다. 그러면

서로 조건을 조율하고 계약을 하면 된다. 이렇게 먼저 상대방이 적극적으로 '사고 싶다'는 제안이 올 때까지 인내심을 가지고 기다린다면 그 이후 과정은 속전속결이다. 이런 식으로 나는 협상 기간이 짧았던 계약이 그렇지 않았던 경우보다 훨씬 많다.

태국에 J라는 업체가 있었다. 기존에 있었던 회사에서 분사된 회사로서 신규 콘텐츠가 많이 필요한 상황이었다. 나는 이 계약을 체결하고 싶었다. 그동안 팔리지 않았거나 이미 계약 기간이 만료된 구작 드라마를 대규모 패키지 판매할 수 있는 절호의 기회였기 때문이다. 따라서 온 마음을 다해 성실히 응대하고 콘텐츠 가치에 대해서도 충분히 어필했다. 하지만 상대는 말도 안 되는 가격을 요구하기도 하는 등 도무지 속내를 알 수가 없었다. 결국 나로서는 할 일을 다 했다는 생각이 들어 적극적인 응대를 멈추었다.

그러자 J측에서 자꾸 출장을 오기 시작하는 거다. 심지어 짐도 풀지 않고 인천국제공항에서부터 캐리어를 끌고 바로 회사로 찾아오기도 했다. 꼭 계약을 하고 싶다는 의지가 마구 뿜어져 나오는 것이 느껴졌다. 그러자 협상이 쉬워졌다. 곧바로 우리는 합의할 수 있는 적절한 수준에서 드라마 패키지 계약을 신속하게 끝낼 수 있었다.

만약 이렇게 충분히 홍보하고 성실하게 응대했는데도 불구하고 끝끝내 연락이 오지 않는다면? 그런 경우는 세 가지 중 하나다. 구매 자체에 대한 의지가 현저히 낮거나, 자금 여건이 되지 않는다거나, 혹

방송국에서 드라마 파는 여자

은 협상 우위를 점하기 위해 나를 심하게 길들이기 하려는 경우다. 다시 말해, 계약될 가능성이 애초 매우 낮거나, 우리와 파트너가 되려는 자세를 갖추지 않은 경우일 뿐인 것이다. 따라서 이런 경우에도 전혀 닦달하지 않는다. 대신 마냥 기다리지도 않고 다른 업체를 모색한다. 혹은 상황에 따라 계약을 아예 포기하기도 한다. 조건을 무리하게 낮추어 계약을 체결하기 시작하면 결국 이것이 '시장 가격'으로 형성되어 한류 콘텐츠의 전반적인 가치 하락으로 이어질 수 있기 때문이다.

그렇다면 왜 사람들은 이런 방식에 반응하는 것일까?

먼저, 본능적으로 수요와 공급의 법칙을 알기 때문이다.

찾는 사람이 많은 제품은 판매자가 굳이 적극적으로 나설 필요가 없다. 샤넬 직원이 방문판매를 하는 경우를 보았는가? 루이뷔통 직원이 할인 프로모션을 내세우며 1+1(원 플러스 원) 행사를 진행하는 것을 본 적 있는가? 이렇게 인기가 많은 제품은 수요자가 적극적으로 나서야 계약이 체결된다. 따라서 앞선 상황처럼 우리 콘텐츠를 사도록 압박하거나 밀어붙이지 않는 여유 있는 모습에서 구매자는 이 콘텐츠의 가치를 간접적으로 깨닫게 된다. 구매자는 도리어 마음이 급해진다. 이렇게 좋은 콘텐츠를 경쟁자가 먼저 채갈까 봐 걱정되기도 한다. 그래서 다소 높은 가격을 주고서라도 선점하려고 애를 쓴다.

둘째, 사람들은 선택을 할 때 '자신이 결정했다'는 느낌을 좋아한다.

사람은 자유 의지에 따라 행동하는 것에서 존재 이유를 느끼는 법이다. 만약 판매자가 밀어붙여서 얼떨결에 제품을 사게 되면 왠지 모르게 계속 찜찜하다. 내가 옳은 선택을 한 것인지 자꾸만 의심이 든다. 하지만 가격이 다소 높더라도 자신이 결정내린 구매에 대해서는 만족하는 경향이 있다. 혹여 의심이 들더라도 스스로의 결정에 대한 인지부조화를 줄이기 위해 자기 합리화를 하는 까닭에 판매자에게 원망을 돌리는 경우는 드물다.

모든 인간관계가 마찬가지다. 상대방이 자유의지를 가지고 생각하고 행동하고 결정할 수 있도록 '공간'을 허락해줄 때 비로소 원활한 관계가 형성되고 유지된다는 것을 기억하자. 억지로 밀어붙여서 내 뜻대로 좌지우지하려고 하기보다 상대방에게 긍정적인 여지를 남기면서 자석처럼 끌려오도록 만드는 것이 훨씬 효과적일 것이다.

이렇듯 사람들이 반응하는 방식을 협상에서도 적용해보자. 말도 안 되게 자주 통한다는 사실을 발견할 것이다. 기본적으로 '사람에 대한 이해'가 협상에서 반드시 선행되어야 하는 이유다.

9

비교 우위를 찾아라

길을 가다 보면 어딘가 균형이 맞지 않아 보이는 커플을 심심치 않게 목격할 수 있다. 여자가 왠지 아깝다 거나, 혹은 남자가 약점 잡힌 게 아닐까 의심되는 커플 말이다. 하지만 짚신도 짝이 있는 법. 신이 불쌍한 나머지 그들에게도 짝을 선사해주셔서일까?

그렇지 않다. '여자가 아깝다, 남자가 아깝다'는 판단은 자신의 기준에서 비롯된 것일 뿐이다. 그들에게는 서로가 서로에게 최상의 짝꿍이다.

사람은 자신이 결핍된 것에 끌리는 경향이 있다. '젊음'에 대한 결핍이 있는 사람은 상대가 어리다는 사실 하나만으로도 매력을 느낄 수 있다. 외모나 능력, 집안 등 모든 면에서 크게 부족함 없는 사람은 비록 다른 조건은 부족하더라도 자상하고 마음 편하게 해주는 이성에게 끌리기도 한다. 외모가 콤플렉스인 사람은 잘생기거나 예쁜 이성을 만나 콤플렉스를 치유 받고 싶어 하기도 하고, 성격이 우유부단한 남자는 '기센 여자'에게 매력을 느끼는 경우도 많다.

다시 말해 모든 조건이 객관적으로 완벽한 사람만이 연애를 하고 결혼을 할 수 있는 건 아니라는 뜻이다. 완벽한 사람은 세상에 단 한 명도 존재하지 않을 뿐더러 모든 사람은 다른 사람에 비해 '비교 우위' 하나쯤은 가지고 있다. 그래서 연애나 결혼 상대자를 찾을 때 자신만의 비교 우위를 가늠해봄으로써 자신 있게 다가가보기도 하고, 비교 우위를 지닌 상대를 만나 결핍을 메우고 싶은 욕망이 발현되기도 한다. 이렇듯 연애와 결혼 시장은 이러한 무의식적 욕망을 운명이라는 미명으로 포장해놓았을 뿐, 들춰 보면 철저하게 비교 우위로 거래되고 있는 시장이다.

그렇다면 콘텐츠를 사고파는 시장에서는 어떠할까? 여기서도 마찬가지다.

구매자 입장에서는 일반적으로 한 해 예산을 토대로 시기별로 구매 계획을 세우는 경우가 많다. 예를 들면 지금이 2분기라면 2분기에 새로 방영될 한국 콘텐츠들 중 한두 개 정도만 고르는 식이다.

그렇다면 판매자 입장에서는 구매자의 구매 시기에 맞추어 타 방송사나 제작사의 콘텐츠 라인업을 파악해둘 필요가 있다. 만약 구매자가 태국의 G사라고 해보자. G사는 주로 사극을 구매하는 회사다. 그런데 우리나라 2분기 방송 콘텐츠 라인업들을 조사해보니 우리 회사만 사극을 편성할 예정이다. 그렇다면 타사에 비해 매우 강력한 비교 우위를 가지는 셈이다. G사가 우리 콘텐츠를 구매할 확률이 100%에 가깝기 때문이다. 고가 정책을 사용하는 등 유리한 조건으로 계약 체결도 가능할 것이다. 또는 인기 많은 한류 스타가 캐스팅되었다든지, 유명한 작가가 집필했다든지, 비록 캐스팅이나 작가의 네임밸류는 약하지만 특정 국가의 로케이션이 있어서 그 나라 국민들에게 소구력이 있다든지 등의 비교 우위를 찾아낼 수 있다.

모든 콘텐츠는 착하다. 잘 찾아보면 장점이 최소 하나쯤은 있다. 그렇지 않다면 왜 모든 콘텐츠 제작자들이 어마어마한 제작비를 들여가면서까지 콘텐츠를 만들어냈겠는가? 무라카미 하루키는 《기사단장 죽이기》라는 책에서 '깊숙이 들여다보면 어떤 인간이든 저 안쪽에 반짝이는 무언가를 갖고 있기 마련'이라고 했다. 콘텐츠도 마찬가지다. 모든 면에서 완벽한 콘텐츠는 없지만, 언뜻 보면 다 엇비슷해 보일지 모르지만, 깊숙이 들여다보면 무언가 반짝거리는 점이 한 가지씩은 있다. 따라서 우리가 할 일은 반짝이는 점을 잘 포착해서 예쁘게 포장한 뒤 좋은 조건으로 판매하는 일이다.

수년 전 러시아 시장을 담당하고 있을 때다. 당시 러시아에 판매되는 콘텐츠는 주로 다큐멘터리였다. 한류가 이미 형성된 동남아 시장에서 주로 드라마나 예능이 판매되던 것에 비해 아직 한류가 채 들어서지 못한 러시아에서는 드라마 판매가 거의 전무했다. 1년에 몇 편의 다큐멘터리만 겨우 팔리고 있는 실정이었다. 당시는 BTS도 없었고 〈기생충〉이나 〈오징어 게임〉이 전 세계를 뒤 흔들기 전이다. 당연히 러시아에서 한국에 관심 있을 이유가 없었다. 한국에 대한 관심도 없는데 16회 동안 한국인들만 주구장창 등장하는 드라마라니? 안 팔리는 게 어찌 보면 당연했다. 한국인보다는 북극이 등장하고, 사자와 늑대, 그리고 빙하가 나오는 다큐멘터리가 더 인기였다.

하지만 우리에게는 비교 우위가 있었다. 바로 드라마 자체의 경쟁력이었다. 한국인이라는, 자신들과 다소 다르게 생긴 사람들이 등장해서 이질감이 드는 것은 어쩔 수 없지만 사람의 마음이 움직이는 방식은 서양인이나 동양인이나 비슷하다. 우리에게는 러시아 시청자들을 웃고 울릴 수 있는 탄탄한 대본과 스토리라인이 있었다. 당시 국내뿐 아니라 많은 국가에서 한국 드라마의 매력으로 꼽을 만큼 스토리라인은 경쟁력이 충분했고 크나큰 비교 우위를 가지고 있었던 것이다. 특유의 드라마틱한 전개와 분명한 선악 구도, 잘 짜여진 구성이 그것이다.

그렇다면 대본과 스토리라인을 팔아보자. 그렇게 해서 러시아에 판매하게 된 것이 바로 '리메이크 권리'다. 완성된 콘텐츠의 방영권을 파는 것이 아니라 방영된 드라마의 대본을 판매하여 상대 국가에서 새롭게 제작하는 방식이다(물론 이는 내가 새롭게 만들어낸 권리가 아니라 원래 존재하는 권리 방식이다). 다행히 우리 드라마에 대해 러시아의 제작사가 관심을 보이면서 당시 웰 메이드(well-made) 드라마라고 평가

받던 드라마들의 리메이크 계약을 체결할 수 있었다.

살다 보면 결국은 모두가 공평하게 수렴된다는 점에서 창조의 섭리를 느끼고 겸허해질 때가 있다. 하나를 얻으면 하나를 잃고, 어딘가에서 실패하면 예상치 못한 다른 곳에서 보상을 받게 되는 것이 인생이다. 100% 완벽한 사람도 없고 100% 완벽한 인생도 없으며 100% 완벽한 콘텐츠도 없다.

대신 100% 못나기만 한 사람도, 100% 실패한 콘텐츠도 없다. 비교 우위를 단 하나도 찾을 수 없는 사람이나 콘텐츠는 이 세상에 존재하지 않는다.

그렇다면 협상을 할 때 어떤 점에 주목해야 할지 힌트를 얻을 수 있을 것이다. 우리 콘텐츠의 가장 반짝거리는 부분, 바로 그 점을 전면에 내세우도록 하자. 상대방 눈에 콩깍지가 쓰인 나머지 다른 모자란 부분은 살포시 눈감아줄 수 있을 것이다.

확실한 비교 우위를 찾고 그것을 판매하라.
모든 거래는 비교 우위를 가지고 움직이는 시장이다.

10

자신감으로 무장하라

처음 판매 담당자가 되고 나면 종종 저지르는 실수가 있다. 해외 여행에서 기념품 살 때 통했던 방식이 여기서도 통할 거라 생각하기 때문이다. 살까 말까 고민하고 있으면 판매자가 다가와서 다정하게 말을 건넨다. "언니, 내가 그냥 헐값에 줄게. 이렇게 주고 나면 남는 거 하나 없다?" 그러면 고민하다가도 왠지 마음이 동해서 지갑을 열고 만다.

하지만 콘텐츠 거래 시장은 기념품 거래 시장과는 차원이 다르다. 가격도 푼돈이 아닐뿐더러 이 시장에서 통하는 법칙은 따로 있다. 이곳은 '가격'보다는 '가치'로 움직이는 시장이다. 그야말로 상위 20%가 매출의 80%를 견인하는 '파레토 법칙'이 제대로 통하는 곳이다. 한 해 10개의 콘텐츠가 고만고만한 성적을 올리는 것보다는 1~2개의 콘텐츠가 그야말로 빵 터지는 것이 플랫폼 운영에 훨씬 도움이 되는 것이다.

따라서 콘텐츠 구매자 입장에서 보면 값어치를 할 수 있는 콘텐츠라면 높은 가격을 불사하는 경우도 많다. 예를 들면 넷플릭스는 시트콤 〈프렌즈〉를 구매하는 데 연간 1억 달러(약 1,150억 원)를 지불했다고 한다. 물론 이 정도 규모의 거래가 일반적인 것은 아니지만 콘텐츠 하나의 가치가 이토록 중요하다는 의미에서 좋은 예시가 될 수 있을 것 같다.

이렇게 천문학적인 금액까지도 오갈 수 있는 이유는 경쟁력 있는 콘텐츠 하나가 가입자를 유치하고 플랫폼을 유지하는 데 지대한 영향을 미치기 때문이다. 이를 '텐트 폴(tent pole)'이라 부른다. 텐트 폴이란, 텐트를 세울 때 지지대 역할을 하는 기둥을 뜻하는 말로서 이 콘텐츠를 수급했느냐 못했느냐에 따라 그 해 플랫폼 실적은 물론 플랫폼의 흥망성쇠까지도 좌지우지될 수 있는 것이다.

그런데 만약 구매자에게 이런 식으로 접근한다면 어떨까?

"요즘 전반적으로 한류 시장이 어려워서요. 징징징. 그냥 이 콘텐츠 싸게 드릴게요. 그리고 이거 사시면 '원 플러스 원'으로 다른 콘텐츠 하나 껴 드릴게요. 어때? Cool?"

이러한 전략은 기념품을 거래하는 시장이나 동네 마트에서라면 효과적일 수 있다. '점포 정리 80% 할인!', '하나 사면, 하나 더!'라는 전략은 우리가 생필품 살 때의 의사 결정 난이도라면 분명 통하는 부분이 있다.

하지만 앞서 말했듯 콘텐츠 시장에서는 다르다. 만약 그런 방식으로 접근하면 구매자가 기분 나빠하는 것을 금방 눈치챌 수 있을 것이다.

'인기도 없는 콘텐츠를 우리한테 떠넘기려나 보네. 할인까지 해주면서 하나 더 주겠다고? 한류 시장도 어렵다는 것을 보니 이제 한국 콘텐츠는 끝물인가 보군. 괜히 한국 콘텐츠 구매했다가 새 되는 거 아냐? 됐거든!'

하지만 다음과 같은 방식으로 접근해보자. 자사 콘텐츠에 대한 자신감과 당당함으로 무장하는 것이다.

"요즘 전 세계적으로 한류 붐이 다시 일어나는 것 같아요. 최근 〈기생충〉, 〈오징어 게임〉 같은 콘텐츠들로 인해 한국 콘텐츠 위상이 더욱 높아졌어요. 덕분에 너무 바빠졌지만요.

이 콘텐츠는 아시다시피 캐스팅도 너무 좋고 기획안도 탄탄해서 저희 회사가 올해 가장 미는 작품이에요. 하반기 최고 기대작입니다. 해외에 선판매된 국가도 벌써 여럿 있어요. 일본, 대만, 베트남…….

가격이요? 음, 사실 다른 업체들도 관심을 많이 보이고 있는 상황이라 더 이상 낮춰드릴 수 없을 것 같아요. 죄송합니다.

만약 이 콘텐츠에 관심이 있으시다면 최대한 빨리 연락 부탁드립니다. 마켓 기간 동안 딜메모(가계약)가 체결될 수도 있으니 결정을 빨리 내리셔야 할 것 같아요."

방송국에서 드라마 파는 여자

물론 이러한 홍보는 사실에 기반해야 한다. '인기가 있다' 같은 추상적 표현을 '인기가 많다' 정도로 뻥튀기 하는 것은 애교로 봐줄 수 있겠지만, 판매 여부, 판매 지역, 시청률 등 객관적 데이터는 사실에 근거해서 전달해야 한다.

구매자는 판매자의 자신감 있는 태도에 눈이 번쩍 뜨인다. 콘텐츠가 왠지 대박 날 것 같은 예감도 든다. 미팅 전보다 더욱 관심이 가고 누가 채가기 전에 선점해야 할 것 같은 생각마저 든다. 참고로 해외 TV 시장에서의 판매는 주로 '독점' 방식으로 이루어진다. 계약 기간(약 2~3년) 동안 한 국가에서 한 방송사만이 TV에서 그 콘텐츠를 방영할 수 있는 것이다(TV 권리는 독점, 인터넷/모바일 권리는 비독점 방식으로 이뤄지는 경우가 많다). 따라서 이번 기회를 놓치면 2~3년을 기다려야 하기 때문에 좋은 콘텐츠를 수급하려는 열망이 높은 편이다.

구매자는 점점 애가 타기 시작한다. 마켓 기간 동안 경쟁사가 가계약을 먼저 체결할까 봐 내심 걱정이 된다. 콘텐츠 수급을 위한 내부 의사 결정이 평균 2주 정도 걸리지만 앞으로 3일 후면 종료되는 마켓 기간 동안 구매를 확정지어야 할 것 같은 압박감이 든다. 그래서 회사의 '높은 분'에게 전화를 걸기 시작한다. 내일 다시 부스에 방문할 테니 그때까지만 팔지 말고 기다려달라는 요청을 하기도 한다. 만약 자신이 회사의 '높은 분'이라면 그 자리에서 바로 가계약을 체결하는 경우도 있다. 방송사끼리 경쟁이 유독 치열한 국가의 경우, 밤에 갑자기 연락을 해서 제작비 등 주요 정보에 대해 묻거나 경쟁사의 의향을 떠보기도 한다. 밤새 스크리너(방송 1회 차 DVD)를 돌려보며 고민하고 있는 것이다.

이렇듯 적절한 수준에서 '고가 정책'을 유지하는 것이 상대방에 게는 '수급할 가치가 있는 고급 콘텐츠'라는 인식을 심어주어 판매가 더 잘되는 경우가 종종 있다. 고가 정책을 사용한다는 것 자체가 제품에 대한 자신감에서 비롯된다고 여기기 때문이다.

명품 사는 심리를 생각해보면 이해가 쉬울 것이다. 루이비통은 1년 사이 수차례 가격 인상을 단행했지만 여전히 인기가 많다. 샤넬은 가격이 계속 우상향하고 있어 차액을 노리려는 '샤테크'라는 말까지 등장했다. 가격이 제품의 가치를 반영한다는 심리, 그래서 가격을 올릴수록 제품이 좋아 보이는 심리를 우리는 이미 명품에 대한 소비 인식으로도 경험한 바 있다.

또한 콘텐츠는 방영 전까지 결과를 예측할 수 없는 경우가 많다. 제작비 500억 원을 투입해 업계의 모든 관심이 쏠렸던 콘텐츠가 막상 뚜껑을 열고 보니 시청률이 1%에 머문다거나, 제작비도 낮고 아무런 기대도 하지 않았던 콘텐츠가 입소문을 타며 대박 나는 경우도 많다. 아무도 콘텐츠의 가치를 정확히 예측할 수 없다는 점이 이 업계의 한계이자 매력이다. 따라서 방영 전 '선판매'를 하는 경우 고가 정책을 사용하면 더욱 유리하다. 이미 방영이 시작되면 시청률이라는 절대 지표가 나와 콘텐츠 가치가 어느 정도 측정되기 때문이다.

하지만 선판매는 콘텐츠에 대한 '기대 가치'를 파는 것이기 때문에 특히 선판매가 활발한 해외 시장에서는 고가 정책을 펼치는 것이 유리한 측면이 있다.

물론 막상 성적표를 열어 보았는데 기대에 못 미칠 수도 있다. 하지만 그럴 수 있다는 것을 구매자들도 잘 알고 있다. 그들 또한 콘텐츠가 주는 기대 가치에 배팅을 하는 것이고 다년간의 경험을 통해 특정 콘텐츠가 자국 시장에서 통할 수 있을지에 대한 예측을 바탕으로 의사 결정을 내린 것이므로 자신의 선택에 큰 후회는 없는 편이다.

그러므로 우리는 진정으로 자사 콘텐츠에 대한 애정을 바탕으로 자신감을 한껏 드러내야 한다. '진정으로'라는 말을 덧붙인 이유는, 우리 또한 정말로 그렇게 생각해야 한다는 뜻이다. 억지로 자신감을 꾸며내지 말고, 자사 콘텐츠에 대한 애정을 바탕으로 장점을 쏙쏙 뽑아내어 그것으로 무장한 자신감을 탑재하자.

물론 항상 고가 정책을 사용하라는 뜻은 아니다. 나는 경우에 따라 고가 정책과 저가 정책으로 나누어 확실하게 적용하는 편이다. 해외 시장에서는 '신작 드라마'의 인기가 높으므로 고가 정책을 사용해 가격을 최대한 끌어올리려고 한다. 반면 '구작 드라마(방영 후 1년 이상 경과한 콘텐츠)'나 '예능'에 대해서는 패키지 판매로 유도하여 가격을 확실하게 깎아준다. 국내 시장에서는 '신작 콘텐츠' 외에도 '명작 콘텐츠'로 일컬어지는 일부 예능, 그리고 '롱테일 법칙'으로 오랜 기간 사랑받는 일부 드라마에 대해서는 '고가 정책'을, 그 외 콘텐츠에 대해서는 저가 정책을 사용하여 공급 규모를 키운다.

이 중에서 '고가 정책'을 사용할 때 특히 필요한 태도가 바로 자신감과 당당함이다.

언젠가 한 구매자와 저녁 식사를 하는데 대화 도중 그녀가 우스갯소리로 한국 방송사 판매 담당자들에 대한 특징을 각각 읊어준 적 있다. 그녀의 눈에 비친 나의 모습은 바로 이런 것이었다. "자사에 대한 자부심이 물씬 느껴져요."

사람들은 누구나 선택에 어려움을 느낀다. 특히 큰돈을 투자하는 의사 결정을 할 때 결정 장애에 빠지곤 한다. 이럴 때 구매자의 결정을 도와주는 것 중 하나가 바로 판매자의 '자신감'과 '확신'이다. 이렇게 확신을 줌으로써 결정 장애를 줄여주는 판매자를 구매자들은 더 신뢰하고 선호한다.

자신감 있는 사람은 빛이 난다. 자신감은 그가 착용하고 있는 보세 옷도 명품으로 보이게 하는 효과가 있다.

잘 만들어진 콘텐츠에 날개옷을 입혀주는 것,
그것이 바로 판매자의 자신감이다.

방송국에서 드라마 파는 여자

11

겸손 vs 자신감?!

다음으로는 '자신감'과 함께 균형을 이루며 갖추어야 할 특성에 대해 알아보도록 하자. 바로 '겸손함'이다.

이런 의문이 들 수도 있다. '겸손함은 자신감과 반대되는 개념 아냐? 두 가지를 어떻게 동시에 적용하지?' 언뜻 보면 그럴 수 있다. 하지만 이들은 각각 다른 분야에 적용된다. '자신감'이 팔려는 '제품'에 대해 가져야 할 태도라면 '겸손함'은 '상대방'을 대할 때 필요한 태도다.

나는 학부 시절 어머니의 한마디, "네가 타국에 혼자 있으면 엄마는 불안해서 밤마다 잠을 못 이룰 것 같다."에 어학연수를 포기하고 국내에서만 영어를 배운 순수 국내파다. 다행히 영문학을 전공한 덕분에 영어가 아예 낯선 것은 아니지만 유창하다고도 할 수 없는 수준이다. 오래전 어느 노래 가사처럼 '영어 앞에만 서면 나는 왜 작아지는가'라는 기분이 시시때때로 들곤 한다. 영어로 대화할 때는 한국어를 사용할 때보다 집중력이 배로 드는 까닭에 미팅을 마치고 나면 에너지가 다 소진돼버리고 만다.

따라서 해외 구매자들을 만나면 주로 그들의 말을 경청하는 쪽에 가깝다. 물론 콘텐츠 소개 등 판매자로서 해야 할 일에 대해서는 주도적이고 적극적으로 진행하지만 그 외에는 주로 듣는다. 상대방이 쏼라쏼라 하며 에너지를 뿜어내면 말을 잘 들어주고 적절한 리액션을 하며 필요한 말을 덧붙이는 형식이랄까. 때론 걱정이 되었다. '내가 말이 별로 없어서 자신을 싫어한다고 생각하면 어떡하지?'

하지만 시간이 지나면서 깨달을 수 있었다. 오히려 이러한 태도가 큰 플러스 요인이었다는 것을.

나는 MBTI가 ENFP로서 한마디로 '스파크형'이다. 자신 있는 한국어를 쓸 때는 이런저런 농담이나 자랑을 섞어 가며 에너지를 적극적으로 뿜어내는 쪽이다.

하지만 영어로 대화할 때는 영어 듣기 평가 하듯 겸손한 자세로 경청을 할 수밖에 없었는데 이것이 구매자들에게 큰 호감을 불러일으킨 것이다. 의도치 않게 강제 소환된 겸손한 태도 덕분에 구매자들에게 인기는 올라가고 더불어 매출도 무럭무럭 자랄 수 있었다. 소가 뒷걸음질 치다가 쥐를 잡은 것처럼 우연히 일어난 일이지만, 덕분에 겸손한 태도의 중요성에 대해 깨닫는 계기가 되었다.

사람들은 처음에는 자신감 있는 사람에게 끌리기 쉽다. 하지만 자신감만 있다면 어느 순간 거부감을 불러일으킬 가능성이 높다. 사람들은 결국 자신을 작아지게 만드는 사람보다 자신을 돋보이게 해주는 사람을 좋아하기 때문이다. 따라서 상대방을 대할 때는 반드시 겸손한 태도를 탑재하는 것이 좋겠다.

단, 여기서 '겸손함'에 대해 오해하지 말도록 하자. '겸손함'이라고 하면 자신을 낮추고 자신 없는 태도를 의미한다고 착각하는 경우가 많은 것 같다. 과도하게 고개를 숙이거나 일부러 자기 비하하는 발언을 일삼기도 한다. 하지만 진정한 겸손이란 자신을 낮추는 것이 아닌, 상대방을 높이는 데 있다. 스스로를 존중하되, 상대의 말을 잘 경청하고 나와 다른 의견을 열린 마음으로 수용하며 상대방을 인정할 줄 아는 것이 겸손한 태도다.

겸손은 적절한 결핍에서 나오는 경우가 많다.

나 역시 인생에서 적절한 결핍을 느끼며 살아가는 중이다. 지금까지 인생이 100퍼센트 만족스러운 적은 없었다. 여전히 더 쥐고 싶은 욕망과 조금은 비워내고 싶은 욕구가 싸우고 있지만, 삶의 본질에 더 가까이 다가갈 수 있다는 점에서 때론 결핍이 묘한 희열을 주기도 한다.

지나친 콤플렉스로 인해 마음의 여유를 잃어버린 수준만 아니라면 결핍은 우리 삶에 반드시 도움이 된다. 그리고 의식적으로라도 자신의 불완전성과 부족함을 깨달으며 상대를 대할 때 저절로 겸손함을 따라올 수밖에 없다.

그렇다면 협상을 할 때 100점짜리 태도란 바로 이것이다.

제품에 대해서는 자신감을 보이되, 상대방을 대할 때는 겸손한 태도를 지니는 것. 이 두 가지 덕목을 모두 갖춰야만 진정한 협상가라고 할 수 있을 것이다.

자신감을 잘못 해석해서 상대방을 면전에서 누르려고 한다거나, 겸손한 태도를 오해해서 팔고자 하는 제품에 대해 스스로 깎아내리는 일은 없길 바란다. 야누스의 얼굴처럼 자신감과 겸손함의 두 얼굴을 동시에 지니도록 하자.

컨디션을 최상으로 하라

어렸을 때부터 어머니께 주입식 안전 교육을 받고 자란 탓에 내게는 '안전 예민증'이 있다. 살면서 어머니께 들은 말의 8할이 '안전'과 '건강'에 관한 것일 정도다.

한번은 유럽 출장을 갔는데, 호텔비가 비싸서 저렴한 곳으로 예약했더니 방에 보조키가 없는 것이다. 불안한 마음에 밤새 불을 켜놓은 채 자느라 잠을 설치고 말았다.

아침에 눈을 뜨는데 눈이 뻑뻑하다. 이게 다 떠진 건가 싶어 한껏 힘을 줘봐도 시원하게 떠지지가 않는다. 수면 호르몬이라 불리는 '멜라토닌'은 어두워져야 활발히 분비되는 까닭이다.

거울 앞에 서서 모습을 점검해본다. 얼굴은 푸석푸석한 데다 마음의 창이라 불리는 눈동자까지 퀭한 탓에 몇 년은 더 늙어 보인다. 오늘 중요한 미팅이 있는데 내가 구매자라도 별로 같이 일하고 싶지 않은 스타일이다.

그날은 하루 종일 피곤했다. 미팅을 하는 동안 무슨 말을 하는지도 모르게 입이 알아서 지껄인다. 뇌는 한꺼풀 쓰인 것 같고, 속눈썹의 무게가 고스란히 느껴질 정도며, F와 P 발음이 반대로 마구 튀어나온다. 컨디션이 좋을 때도 힘든 해외 출장인데 잠까지 설쳤더니 그냥 다 자포자기해버리고 싶은 심정이다.

일과를 겨우 끝마쳤나 싶었는데 마지막 관문이 하나 더 남아 있었다. 이번에 알게 된 업체의 담당자들과 함께 저녁 식사를 하기로 한 것이다.

유럽풍 레스토랑에서 그들과 많은 이야기를 나누었던 것 같다.

점점 뇌에 얇은 랩이 씌워지는 기분이 든다. 문득 앞 통수에 따가운 시선이 느껴져 쳐다보니 구매자가 눈으로 화를 내는 것 같다. 그제야 내가 꾸벅꾸벅 졸고 있었다는 것을 깨달았다. 짧은 찰나였지만 구매자들 앞에서 대놓고 눈을 감고 고개를 끄덕거리고 있었던 것이다. 시차 적응도 채 되지 않은 상태에서 잠까지 설쳤더니 겨우 부여잡고 있던 이성의 끈을 놓치고 만 것이다.

그 업체명이 무엇이었는지는 지금 잘 기억나지 않는다. 왜냐하면 거래가 성사되지 않아서 그 후로 만날 일이 영원히 없어졌기 때문이다.

이렇듯 미팅할 때는 컨디션도 잘 관리해야 한다. 특히 첫 미팅 때의 컨디션이 가장 중요하다. 처음에 좋은 이미지를 심어주면 추후 상태가 다소 좋지 않더라도 '원래 괜찮은 사람인데 오늘 좀 힘든 가보다'라며 양해가 된다. 하지만 첫인상에서 이런 모습으로 각인돼버리

방송국에서 드라마 파는 여자

면 더 이상 만남을 기약할 수 없기 때문에 만회할 기회가 사라져버리고 만다. 그들에게 나는 영원히 '한국의 진상녀'로 남아 있겠지.

컨디션에는 외모도 포함된다. 중요한 미팅이 있을 때는 외모에도 신경을 쓰는 것이 좋다.

이유는 먼저, 상대방이 여자든 남자든 사람은 누구나 보기 좋은 것에 끌린다. 외모 자체가 예뻐야 한다는 뜻은 아니다. 어느 정도 격식을 갖춘 단정한 모습이면 충분하다.

다음으로는, 외모에 신경 쓴 날이면 자신감이 올라간다. 허리가 꼿꼿하게 펴져서 모델 워킹이 절로 나온다. 소위 '텐션'도 올라가고 상대방을 대하는 태도에 여유가 생긴다. 평소 집 근처를 산책하기 위해 트레이닝복을 아무렇게나 걸치고 있을 때는 학창 시절 껌 좀 씹은 언니처럼 덜렁거리는 것과 같은 이치다.

메라비언의 법칙(The Law of Mehrabian)에 따르면, 사람 사이의 의사소통에서 말의 '내용'이 차지하는 비중은 불과 7% 밖에 되지 않는다고 한다. 대신 '시각적 요소'가 55%, '청각적 요소'가 38%나 차지한다. 미팅할 때 단정한 외모와 말의 톤, 말하는 속도에도 신경 써야 하는 이유다.

또한 가능하다면 미팅 앞뒤로 여유 시간을 확보해두는 편이 좋겠다. 협상은 많은 에너지와 집중력을 요구한다. 그 과정에서 서로의 속내를 파악하려는 신경전도 벌어진다. 미팅을 하나 마치고 나면 왠지 모르게 기가 다 빨린 것 같은 느낌이 드는 이유다.

만약 중요한 미팅 전 다른 미팅을 마친 직후라면 집중력이 현저히 떨어진 상태기 때문에 최상의 컨디션을 발휘하기 힘들다. 다른 미팅이 연이어 대기 중이라면 현재에 온전히 집중할 수 없을 것이다. 다음 미팅 생각이 자꾸 비집고 들어오거나 상대방으로부터의 전화나 문자 연락에 시선이 뺏겨 분위기가 산만해질 수 있다.

이렇듯 중요한 미팅 전후에는 여유 시간을 확보하여 온전히 현재에만 전념할 수 있도록 마음을 가다듬고 에너지를 재정비할 필요가 있다.

사람들은 긍정적인 에너지를 발산하는 사람에게 끌린다. 예의를 갖춘 단정한 복장 위에 생기 한 스푼을 얹도록 하자. 또한 여유 시간을 확보하여 '지금, 여기'에 온전히 집중한다면 상대방에게 좋은 인상을 남길 수 있을 것이다.

방송국에서 드라마 파는 여자

12

오랑캐와 오랑캐

사회생활을 하다 보면 일부 사람들이 사용하는 수법을 발견할 수 있다. 같은 직급이나 성별을 가진 사람들끼리 서로 견제하게 만든 다음, 양쪽을 오가며 스스로의 위상을 드높이는 방식이다. 나 또한 어리바리하던 시절 이런 수법에 이용되는 바람에 상대편과의 감정의 골이 깊어진 적이 있다.

이것이 바로 '이이제이'다. 이이제이란, '오랑캐로서 오랑캐를 다스린다'는 뜻으로서 옛날 중국 본토 국가가 주변국들을 다스릴 때 쓰던 전략 중 하나다. 경쟁자들끼리 싸움을 붙이고 중간에서 이득을 취하는 방식인데 한마디로 '손 안 대고 코 풀기', '자기 손에 피 안 묻히고 경쟁자 처리하기' 수법이다.

개인적으로 이런 처세를 싫어하지만 일반적으로 실전 협상에서 활용되는 방식이기도 하다. 상대에게 강한 경쟁자가 있을 때 더욱 잘 통한다.

필리핀에는 양대 산맥과 같은 TV 방송사 2곳이 있다. 바로 B사와 M사다. 두 방송사는 규모나 영향력, 시청률 같은 모든 지표에서 유사한 까닭에 매년 필리핀 방송 시장 상위권을 다투곤 한다. 한국 콘텐츠를 수급할 때도 매우 치열한 경쟁 양상을 보이며 상대사가 어떤 콘텐츠에 관심이 있는지 레이더를 곤두세운다. 만약 한 업체가 특정 콘텐츠에 관심을 보이면 나머지 한 곳이 귀신같이 눈치채고 끼어들기도 한다. B사와 M사의 담당자들은 마켓에서 서로 마주치기라도 하면 상대방을 투명인간 취급하며 휙 지나쳐버린다.

나는 둘 사이에 껴서 관심을 한 몸에 받는 동시에 서로에 대한 견제를 흡수하느라 기가 다 빨려나갈 지경이었다. 어머니와 아내 사이에 낀 남편의 심정이 이런 것일까.

드라마 라인업에 소위 '대박 예감'이 드는 콘텐츠가 있을 경우, 두 담당자의 신경전은 극에 달한다. 필리핀에서는 유독 '로맨틱 코미디' 장르가 인기 있는데 여기에 한류 스타가 캐스팅 되거나 유명 작가가 대본을 집필한 경우, 이를 선점하려는 담당자의 기세가 전화통을 뚫고 이곳 대한민국 상암까지 전달될 지경이다.

나는 치열한 삼각관계 속에서 행복한 고민에 빠진다. 각자 내 아기라고 주장하는 두 명의 엄마에게 솔로몬 왕이 해결책으로 제시한 것처럼 16부작 드라마를 8부작씩 쪼개어 팔 수도 없는 노릇이고 말이다. 결국 나는 비딩(입찰)을 붙이기로 한다. 두 업체에게 '이 드라마를 사랑하는 마음을 금액으로 한껏 표현해내시오'라고 제안한다. 그러면 마감 2~3일 전부터 치열한 눈치 싸움이 시작된다. 전화를 걸어와 때로는 간드러지게, 때로는 으박지르며 상대측이 제시한 조건을 떠보기도 한다. "얼마면 되니? 도대체 얼마면 되는 건데?" 원빈이 울고 갈 정도다.

나는 금액을 높일 수 있도록 중간에서 적절히 펌프질 한다. 그렇게 치열한 비딩이 끝나고 나면 그 드라마는 필리핀 최고가로 낙찰된다.

또 다른 예시를 들어보겠다.

넷플릭스가 한국에 상륙했을 때의 일이다. 2016년 국내에 처음 서비스를 실시했는데 지금과는 달리 기대에 못 미친다는 반응이 대다수였다. 당시 세계 시장에서 무섭게 뻗어나가던 기세와 달리 한국 시장에서는 좀처럼 뿌리를 내리지 못하고 있었던 것이다. 한국은 로컬 콘텐츠의 인기가 많은 시장인데 반해 당시 넷플릭스가 제공하던 콘텐츠는 주로 해외 콘텐츠였기 때문이다. 무엇보다 당시 기득권 세력이던 주요 방송사 및 통신사들이 넷플릭스에 진입장벽을 높이 세우고 있었던 까닭이다.

위와 같은 상황에서 2018년 넷플릭스는 새로운 전략을 내세운다. 국내 통신사 중 한 곳과 독점 제휴를 발표한 것이다. IPTV에 넷플릭스의 서비스를 탑재하는 방식이었다. 이 시도는 결과적으로 넷플릭스에게 '신의 한 수'가 되었다. 통신사를 통한 가입자 확보 외에도 한국에 넷플릭스가 정착하게 된 첫 신호탄이 되었기 때문이다. 그 후로 넷플릭스가 한국 시장에 어떻게 뿌리 내릴지 팔짱끼고 지켜보던 기득권 세력들이 조금씩 반응하기 시작했다. 남이 무엇을 하는지 유독 신경을 많이 쓰며 뒤쳐질까 걱정하는 한국인들의 경쟁 심리를 효과적으로 자극한 것이다. '어, 너도? 그럼 나도!' 하며 넷플릭스에 걸어 잠근 빗장을 뒤질세라 풀기 시작했다.

그 결과 넷플릭스는 한국에서도 막강해진 영향력으로 A급 배우와 작가, 그리고 스튜디오를 섭외해 오리지널 제작을 늘려나갔고, 여기에 적극적으로 국내 콘텐츠를 수급함으로써 국내에서도 명실상부 최고 인기 OTT 플랫폼 중 하나로 자리 잡게 되었다.

'비교와 경쟁 심리'라면 누구나 피할 수 없는 인간의 본성 중 하나다. 억지로 억제하려고 해도 끊을 수 없는 인간 본연의 모습이다. 물론 지나친 나머지 스스로와 주변을 피폐하게 하는 수준만 아니라면 결국 사람에게 동기부여를 해주는 원동력이 되기도 하기 때문이다.

오랑캐를 다스릴 때 사용하던 방법인 줄로만 알았던 이이제이가 이렇게 다양한 방식으로 활용되고 있다니 참 흥미롭지 않은가?

13
상대를 춤추게 하라

신규 런칭한 OTT 플랫폼 U사와의 콘텐츠 공급 협상을 담당할 때다. U사의 구매 담당자는 P로서 나와 기존부터 알던 사이다. 그는 우리와 비슷한 규모의 방송사에서 '판매 담당자'로 일하다가 U사의 '구매 담당자'로 스카우트되어 간 능력 있는 친구였다.

P와 나는 구매자와 판매자로서 몇 년 만에 다시 조우하게 되었다. 하지만 반가운 마음도 잠시, 나로서는 P가 여간 부담스러운 상대가 아니었다. P는 수년간 판매 담당자로 일한 경험이 있기에 판매자의 협상 방식이나 심리에 대해 잘 알고 있을 터였고, 판매자와 구매자의 양쪽 입장을 다 겪어 보았기에 둘 사이에서 노련하게 균형을 잡아갈 것이 분명했다.

아나나 다를까 P는 마치 속을 훤히 꿰뚫고 있다는 듯 나의 협상 기술에 대해 철벽을 치기 시작했다. 페이스에 휘말리지 않고 자신의 의도대로 협상을 이끌어가며 최대한 낮은 가격으로 콘텐츠를 수급하겠다는 의지를 매번 드러냈다. 아무리 애를 써도 도무지 진전의 기미가 보이지 않았다. 이미 타 방송사들은 U사와의 계약을 마치고 U사의 플랫폼에 콘텐츠를 서비스 중이었고 우리 회사 콘텐츠만 쏙 빠져 있는 상황이었기 때문에 사내에서의 여론 및 압박도 부담으로 다가왔다. 애초 우리가 타사 대비 높은 진입 비용을 요구한 것도 하나의 원인이었다. 이런 상황에서 그들은 자사 플랫폼에 대한 굳건한 자신감을 바탕으로 굳이 우리와의 계약을 서두를 필요가 없다는 듯 여유를 부리기 시작했다.

마음이 급해지는 쪽은 나였다. 이번 계약은 큰 의미가 있었기 때문이다. 먼저, 신규 계약은 언제나 의미가 있다. 새로운 플랫폼에 진입하는 것은 마치 미(未)등정 산에 깃발을 꽂는 것과 같아서 연말의 '고성과'나 '포상'은 따 논 당상이다. 또한 전반적으로 자사 콘텐츠 유통 매출이 하락하고 있는 시점에서 신규 플랫폼과의 계약을 통한 추가 매출 확보가 필요했다. 따라서 반드시 이 계약을 체결해야 했고 공급 금액을 최대한 높일 수 있다면 성공이었다.

그 후로 수개월이 그냥 흘러갔다. 서로의 의향을 떠보기 위해 미팅은 여러 차례 가졌지만 언제나 도돌이표였다. 하지만 역시나 노련한 담당자답게 이 계약을 아예 포기하지는 않으면서 우리 의향이 변해가는 것을 지속적으로 체크하고 있었다.

나는 확신했다. U사도 이 계약이 꼭 필요한 것이라고. 주요 방송

방송국에서 드라마 파는 여자

사 콘텐츠가 모두 서비스되고 있는 상황에서 우리 회사 콘텐츠만 없는 것이 마음에 걸리는 것이라고. 또한 우리 회사는 울트라 초슈퍼급 인기 예능 콘텐츠들을 보유하고 있었기에 가입자 유치를 위해서도 이 콘텐츠들이 반드시 필요할 것이라고 말이다.

그렇게 나는 여유를 찾기 시작했고 이번 계약은 '시간문제'라는 생각이 들었다. 아무리 늦어도 그 해 안에는 반드시 계약이 될 것이라는 확신이 있었다. 이제는 서로 협조하는 방향으로 어떻게 터닝 포인트를 마련해야 할지 모색할 시점이었다. 이미 데이터 제공 등을 통해 우리 콘텐츠 가치에 대해서는 수차례 어필을 한 바 있었기 때문에 더 이상 객관적인 자료를 내세우는 전략은 무의미했다. 그래서 역시나 상대방의 감정을 건드려보기로 했다.

오랜만에 P에게 연락을 해서 커피 한 잔 하자고 말했다. 고맙게도 P가 우리 회사 로비에 위치한 커피숍까지 와 주었다. 그런데 이번에는 혼자 온 것이 아니라 후배 한 명과 함께였다. 나는 두 사람을 반갑게 맞이하고는 대화를 시작했다. 서로의 입장이 어떻게 변화하고 있는지 허심탄회하게 풀어가보려고 노력했다. 하지만 여전히 벽이 존재한다는 느낌이 들었다. 핵심에 들어가지도 못하고 서로 양보하지도 않으면서 변죽만 울리는 모양새다. 오랜 기간을 끌어오면서 상대방도 지친 것이 분명했지만 그에게는 터닝 포인트를 위한 감정적 명분이 필요해보였다.

이야기를 이어가던 중 나는 P의 옆에서 가만히 듣고만 있던 그의 후배에게 말했다.

"P랑 일하시면 많이 배우게 될 거예요. 완전 협상의 달인이라니까요! 제가 두 손 두 발 다 들었잖아요. 그래서 이제는 그냥 다 퍼주려고요(웃음)."

순간 P의 입 꼬리가 살짝 올라가는 것을 포착했다. 다시 한 번 쐐기를 박는다.

"역시 U사가 능력 있는 인재를 스카우트 잘했다니까요. 진짜 옆에서 많이 배우실 거예요. P씨만큼만 하시면 돼요. 덕분에 저희는 힘들지만요(웃음)."

P의 입 꼬리가 더욱 올라간다. 힘주느라 부릅떴던 눈이 어느 순간 부드러운 눈웃음으로 변한다. 사자를 마주한 호랑이의 눈빛이 어느새 오누이 바라보듯 따뜻한 시선으로 바뀌고 있다. 후배 앞에서 체면이 한껏 선 그의 어깨에는 뽕이 한 다발 들어가 있다.

그렇게 나는 P의 협상 기술을 인정하고 그에게 져주는 방식을 취했다. 후배 앞에서 협상 상대로부터 '칭찬과 인정'을 한 몸에 받은 P는 달라지기 시작했다. 나에게 마음을 열기 시작한 것이다.

협상은 급물살을 탔다. P는 예전보다 훨씬 협조적인 태도로 나를 대했고 조건을 조율할 때도 솔직하게 속내를 드러내며 진행에 박차를 가했다. 어느 새 우리는 한 배를 탄 동지가 되어 있었다. '아, 그런 상황이었군요.' 서로의 처지에 대해 공감하며 입장차를 조율했고 그로부터 약 한 달 반 뒤 계약서에 도장까지 찍을 수 있었다. 비록 좁혀

지지 않는 평행선만 줄곧 그리느라 수개월을 그냥 흘려보낸 뒤지만 말이다.

이 협상의 비결은 무엇일까? 바로 '칭찬과 인정'이다. 팽팽하게 서로 줄다리기를 하는 상황에서 상대방에 대한 칭찬과 인정이 그의 겨드랑이를 간지럽혀 줄을 놓아버리게 만든 것이다. 칭찬은 그렇게 큰 고래도 춤추게 한다는데 하물며 인간이라고 다르겠는가. 춤추게 하는 것을 넘어 영혼을 마비시키는 것, 그것이 바로 칭찬이다.

죽자고 달려드는 사람을 상대하는 법은 도리어 쉬울지 모른다. 피하거나 맞서 싸우거나 무시하면 그만이다. 하지만 자신의 마음을 녹이는 사람은 상대하기 더 어려운 법이다. 부지불식간에 끌려 다니다 정신 차리고 보면 어느 순간 다 퍼주고 있다. 나를 인정해주고 따뜻하게 감싸주는 사람의 마음을 아프게 하는 것은 너무도 힘든 일이다.

회사생활에서도 마찬가지다. 사람에 대한 평가는 종종 엇갈리기도 한다. 누군가에게는 더없이 좋은 사람이 또 다른 누군가에게는 최악의 평가를 받는다. 왜 그럴까? 사람들은 타인을 평가할 때 자기 자신이 기준이 되는 경우가 많기 때문이다. 자신을 좋아해주는 사람을 '좋은 사람', 싫어하는 사람을 '나쁜 사람'으로 평가하는 경향을 보인다. 누구나 자신이 가장 소중한 법이니까.

따라서 협상을 할 때 적절한 칭찬을 더한다면 상대방은 무의식중에 나를 좋은 사람으로 평가할 것이다. 그로 인해 전보다 훨씬 호의적이고 협조적인 태도를 보일 것이다.

해와 바람이 길가는 사나이의 외투를 벗기는 내기를 했는데 따뜻한 해가 이긴다는 옛 이야기를 들어본 적 있을 것이다. 따뜻한 햇살에 사나이가 알아서 외투를 벗어버린 것이다.

사람의 마음을 다루는 현명한 방식은 바로 이런 것들이다. 따뜻함, 칭찬, 인정…….

'정말 그 말 한마디에 P의 태도가 돌변했던 것일까?' 의구심이 들 수도 있겠지만 사람은 정말 말 한마디로도 천 냥 빚을 갚을 수 있는 존재다.

조지 버나드 쇼의 희곡《피그말리온》에 나오는 구절로 이번 장을 마무리하려 한다.

"정말로, 진실로 '숙녀'와 '꽃 파는 소녀'의 차이는 어떻게 행동하느냐가 아니라 어떻게 대접을 받느냐에 달렸죠. 저는 히긴스 교수님께는 언제나 꽃 파는 소녀일 거예요. 왜냐하면 그분은 저를 언제나 꽃 파는 소녀로 대하고 앞으로도 그럴 테니까요. 하지만 저는 대령님께는 숙녀가 될 수 있다는 걸 알아요. 대령님은 저를 언제나 숙녀로 대해주셨고, 앞으로도 그러실 거니까요."

14

풍차의 날개처럼

요즘 MZ세대와 대화하려면 MBTI는 필수다. 나 또한 MZ세대의 끝을 잡고 있는 입장이라 인터넷으로 검사를 해본 적 있다. 결과는 ENFP, '스파크형' 또는 '재기발랄한 활동가'란다. 특징을 찬찬히 살펴보니 내 마음속을 너무 잘 헤아리고 있어 놀랍기도 하고, 스스로 고민했던 부분에 대해 '아, ENFP는 다 그런 면이 있구나' 하며 위안을 받기도 했다.

이 중 맨 뒤에 위치하는 P와 J에 대해 살펴보자. 먼저 P는 인식형(Perceiving)으로서 '융통성'과 '임기응변'이 뛰어나다. 반면 J는 판단형(Judging)으로서 '계획'과 '통제'가 주요 키워드다.

이렇게 두 가지 상반된 성향은 협상을 할 때도 드러난다. 먼저 P의 성향이 강한 사람은 협상의 목표를 세우고 달성 방안에 대해서는 큰 그림만 그린 뒤, 나머지는 상황에 따라 유연하게 대처한다. 반면 J

의 성향이 강한 사람은 처음부터 모든 계획과 일정을 세세하게 짠 뒤 그 계획대로 이끌어가고 상황을 통제하려는 특성을 보인다.

그렇다면 P와 J 중, 협상가에게 조금 더 어울리는 성향은 무엇일까? 바로 P다. 이유는 다음과 같다.

첫째, 협상은 예측 불가능성을 지닌다.

먼저 협상은 '사람'이 하는 일이다. 우리가 누군가를 안다고 할 때 그 사람에 대해 100% 다 안다고 말할 수 있을까? 전혀 그렇지 않다. 그 사람의 전반적인 성향에 대해 아는 것일 뿐, 그가 하는 말이나 행동은 한 점 바늘 같은 현재를 반영할 뿐이다. 사람은 고정된 존재가 아니다. 스스로 깨우치고 자가 발전을 하기도 하고, 주변의 영향을 쉽게 받으며, 시시각각 변화무쌍한 마음을 지닌 존재다. 30년을 함께 살아온 부부가 "나는 아직도 저 사람을 잘 몰러~"라고 하는 이유다. 이렇게 변화무쌍한 '사람'이 하는 협상은 그 자체만으로도 예측 불가능한 측면이 있다.

협상의 외부 환경 또한 시시때때로 변한다. 현재 우리가 살고 있는 세상을 한마디로 뷰카(VUCA, 변동성, 불확실성, 복잡성, 모호성으로 표현되는 사회 환경)로 표현하듯 협상 환경 또한 마찬가지다. 회사의 공급 정책이 바뀐다거나, 수출에 관한 새로운 법령이 제정된다거나, 다른 구매처들과의 거래나 역학관계 등 협상에 영향을 미치는 요소는 산재해 있다. 예를 들면, 몇 년 전 캄보디아에서는 프라임 타임(시청률이 가장 높은 시간대)인 저녁 7시와 9시 사이 외화 방영 금지 조치가 취해진 적 있다. 자국 콘텐츠를 보호하려는 캄보디아 정부의 자구책이었다. 결국 한국 콘텐츠는 기존 프라임 타임에 편성되던 것에서 밀려나 아침 시간, 점심, 또는 프라임타임 전후에 방영될 수밖에 없었다. 또한 편성 시간마저 줄어들어 그 해 캄보디아 매출은 하락할 수밖에 없었다. 이렇듯 우리 스스로 통제할 수 없는 변인들이 여기저기 도사리고 있기 때문에 협상을 애초 계획대로 이끌어가는 것은 거의 불가능하다.

두 번째, 상대방에게 100% 예측 가능한 사람이 되는 것이 협상에서 결코 유리하지 않기 때문이다.

협상에서는 상대방에게 우리의 패가 완전히 읽히는 순간 '게임오버'다. 그 순간부터 끌려 다닐 수밖에 없다. 상대방은 우리 머리 꼭대기에 서서 우리를 쥐락펴락 하려고 할 것이다. 물론 매 상황마다 일대일 대응하듯 반응하라는 뜻은 아니다. 또한 변덕이 죽 끓듯 하는 사람은 기본적으로 신뢰가 가지 않기 때문에 바람직하지 않다. 하지만 적당히 변화무쌍하고 유연한 모습을 보임으로써 상대방에게 적절한 긴장감을 심어줄 수 있다. 우리의 전략을 알 듯 말 듯 할 때, 우리의 패가 보일락 말락 할 때, 바로 그때 상대방은 우리에게 더욱 더 협력적인 자세를 취해올 것이다.

2020년 말, 넷플릭스에서 선풍적인 인기를 끌었던 시리즈가 있다. 체스 천재인 한 여성의 삶을 소재로 한 〈퀸즈 갬빗(The Queen's Gambit)〉이다. 체스는 폰, 룩, 나이트, 비숍, 퀸, 킹 등의 말을 움직여서 상대방의 킹을 잡는 것이 목표인 게임이다. 이 시리즈는 체스 천재들이 현란하게 말을 움직이며 판을 읽어내고 승부를 뒤집는 심리전을 잘 묘사하고 있어 당시 넷플릭스에서 미니시리즈 중 최고 스트리밍 수를 기록한 바 있다.

시리즈를 보는데 체스 선수들이야말로 임기응변의 대가라는 생각이 들었다. 체스를 결과부터 알고 말을 놓는 사람은 없다. 말을 하나씩 놓으며 상대방 말의 움직임을 유도하기도 하고, 상대의 움직임에 따라 전략을 수정해가며 전체적인 판을 자신에게 유리하게 끌고 간다.

협상을 하는 우리도 체스판에서의 말과 다를 게 없다. 협상 결과를 미리 알고 시작하는 사람은 없다. '상대방의 킹을 잡는 것'이 체스의 목표이듯 우리 또한 '어떤 조건으로 거래하겠다'는 목표는 가지고 있지만, 목표를 달성하기 위한 전략은 상대방 말의 움직임에 따라 적절하게 수정되어야 한다. 새롭게 짜진 판을 다시 읽어내고 전략을 수정하는 과정을 수없이 반복하며 점점 결과에 근접해가는 것이다.

협상에서는 '융통성'이 중요하다는 사실을 기억하자. 계획과 준비는 철저할수록 좋지만 언제든 수정 가능할 수 있어야 한다. 미리 모든 계획을 세워 완벽한 협상안을 만들어놓아도 100% 지키기는 어려울 것이다. 협상 전에 할 일은 다음의 세 가지 뿐이다. 정보 수집을 통해 목표와 전략을 세우고, 우리가 양보할 수 없는 조건의 마지노선을 정하고, 미리 발생할 수 있는 상황을 가능한 예측해서 플랜 B, 플랜 C의 대안을 마련해두는 것이다.

얼마 전, 파울로 코엘료의 《아처》라는 책을 읽다가 풍차에 대한 새로운 사실을 알게 되었다. 풍차의 날개는 같은 속도로 돌아가며 언제나 같은 동작을 반복하는 듯 보이지만 알고 보면 날개가 바람에 따라 움직이며 필요에 따라 방향을 바꾼다고 한다.

바로 이거다. 협상은 '풍차의 날개'처럼 하는 거다.
바람에 따라 움직이며 필요에 따라 방향을 바꾸는
풍차의 날개처럼.

15
친해지되 선을 지켜라

동거만 하며 아이를 낳아 키우던 할리우드 커플이 결혼 발표를 한다. 소식을 듣고 '드디어 사랑이 완성되었구나' 생각이 들어 마음속으로 축하를 보낸다. 하지만 머지않아 그들이 이혼하기로 했다는 소식이 들려온다. 왜 이런 일이 벌어지는 것일까?

베스트 프렌드와의 갈등을 푸는 것이 '적당한' 사이의 친구나 동료와의 갈등을 푸는 것보다 훨씬 어렵다. 우리 사이의 갈등을 수면 위로 꺼내놓는 것이 왠지 어색하기만 하다. '너는 원래 이런 사람이잖아.' 지레짐작하며 상대방의 말과 행동에 대해 섣불리 결론짓기도 한다. 혹은 '우리가 어떤 사이인데…… 시간이 해결해주겠지' 하며 방치하다가 화해의 골든타임을 놓쳐버리는 경우도 많다. 왜 가까운 사이일수록 더 화해를 청하기 힘든 것일까?

외부 업체보다 사내에서 벌어지는 내부 협상이 더 힘든 경우가 많다. 회사라는 한 배를 탄 동지인데 왜 더 힘들다고 느껴지는 것일까?

이 세 가지 모두 상대방과의 경계가 흐릿해서 생기는 일이다. 결혼을 하게 되면 이제 하나가 되었다는 생각에 상대방과의 선이 없어진다. 베스트 프렌드와는 이심전심이라는 생각에 너와 나의 구분이 없어진다. 조직이라는 특성상 개인의 개성은 뭉개질 수밖에 없고 견제나 정치가 개입되기 쉽다.

우리는 서로 간에 선이 없을 때 완전한 합일에 이를 것이라고 생각한다. 하지만 관계를 오랫동안 좋게 유지하는 비결은 '완전한 합일'에 있는 것이 아니다. 오히려 서로 간의 적정한 거리를 지키는 데 있다. '여백'이 해답이다.

나야말로 친해지면 경계가 없어지는 사람이다. 적당히 가까운 사이에서는 쿨한 모습이지만, 친해졌다 싶으면 상대방에 대한 몰입이 시작된다.

먼저, 상대방의 말과 행동 하나하나가 나를 향한 것이라고 생각하여 그것에 일희일비한 나머지 감정의 롤러코스터를 심하게 탄다. 또한 지나치게 감정이입을 하는 바람에 상대의 감정은 결국 내 것이 되고 만다. 상대방이 힘들어하면 내가 더 힘든 까닭에 힘듦을 애써 숨기고 맞춰주려는 경향이 있다. 문득 정신 차리고 보면 내 속은 곪아 있고 상대방은 내가 맞춰준 것을 알아차리지 못하고 도리어 나를 원망하는 경우가 있어 억울하다. 친구가 제3자를 싫어하면 나 또한 제

3자가 싫어진다. 친구가 싫어하는 것보다 훨씬 더 싫어하게 되어 그와 사이가 나빠지는 건 결국 내가 된다. 정작 친구는 그와 잘 지내게 되었는데 말이다.

스스로 이런 성향을 잘 아는 까닭에 방어벽을 치기도 한다. 이성 간에 친구로는 잘 지내지만 연애를 시작하는 건 너무 어려운 데다, 시작되더라도 가치관으로 인해 결혼 전엔 깊은 관계로 발전하지 못하는 바람에 처녀 귀신으로 늙어죽을 지경이다. 또한 누군가와 친해지면 마음이 힘들어지는 경우가 많아 친하다가도 감정적인 거리를 두는 바람에 상대방이 서운해 할 때가 있다. 내가 맞아도 아프고 상대방을 때려도 아픈 까닭에 이도저도 못하는 경우가 발생한다.

이처럼 짠 내 나는 상황들이 내 인생에서 발생하는 까닭은 누군가와 친밀해지면 상대방과 나를 동일시하기 때문이다.

협상을 할 때는 '친해지되 선을 지키는 것'이 매우 중요하다. 상대방과 나 사이에 공간이 있어야만 객관적인 시각으로 상황을 바라볼 수 있다. 또한 서로 예의를 지키게 되고 존중할 수 있게 된다. 서로의 여지에 조금 더 깊이 다가가려는 욕구와 동기부여도 생겨난다. 너무 팽팽하게 긴장감만 감도는 사이여서도 안 되지만, 적절한 긴장감이라면 서로의 유대 관계를 끈끈하게 만드는 데 도움을 준다. 부모 자식 관계처럼 무조건적인 사랑을 바탕으로 하는 관계가 아닌 이상(사실 부모 자식 관계에서도 적당한 거리가 필요하다), 특히 업무 협상 관계에

방송국에서 드라마 파는 여자

서는 이러한 심리적 거리가 반드시 필요하다.

다행히 나는 협상을 할 때는 상대방과의 관계에서 '여백의 미'가 한껏 발휘되는 편이다. 업무를 할 때는 개인적 감정보다는 객관적인 시각으로 적당한 거리를 유지하는 것이 가능한 까닭에 결과 또한 좋게 나오는 편이다.

글로벌사업부에서는 해마다 연말이 되면 방송사들끼리 국가별 매출을 비교한다. 그렇게 매년 방송사끼리 매출 실적을 주고받다가 어느 순간 신기한 사실을 발견했다. 우리 회사는 부서 순환이 활발한 편이라 짧게는 2~3년, 길게는 5~6년마다 부서를 이동하는 경향이 있다. 또한 1~2년을 주기로 담당하는 국가가 변경된다. 그런데 타사는 달랐다. 한 방송사는 입사 후 한 부서에서만 10년 이상 근무하는 경우가 많았고, 담당하는 국가를 순환하는 주기도 당연히 길었다. 10년 동안 일본 시장 하나만을 담당한 사람도 있었는데 그야말로 일본 시장의 '화석' 같은 존재였다.

그렇다면 '장기적인 파트너십'을 위해서는 한 사람이 하나의 시장을 오래 담당하는 것이 훨씬 유리하지 않을까? 나도 당연히 그럴 거라고 생각했다. 하지만 결과는 놀랍게도 아니었다. 담당한 '기간'과 '매출'은 비례하지 않았다. 정확히 말하면 별 상관이 없었다.

이유는 무엇일까? 그것은 담당자들끼리 너무 익숙해진 나머지 위에서 언급한 부작용이 발생했을 가능성이 크다. 긴장감이 사라지고 관계에 매너리즘이 생겼을 수 있다.

물론 한 사람이 하나의 시장을 오랫동안 담당하는 것이 좋지 않다는 뜻은 아니니 오해 없길 바란다. 서로 간의 장기적인 파트너십을 쌓는 것은 매우 중요할 뿐 아니라 한 시장을 오래 담당하는 이점은 분명히 있다. 시장의 역사를 꿰뚫게 되는 등 비교 불가한 경쟁력을 갖추게 된다.

하지만 너무 익숙하고 친밀해져서 경계가 과도하게 흐려졌을 때 발생하는 부작용을 방지할 수 있어야만 누적된 시간의 힘이 충분히 발휘될 수 있을 것이다. 다시 말해 장기적인 파트너십을 추구하되, 방심하지 말고 적정한 선을 지키며 긴장감을 유지하려는 노력 또한 필수라고 하겠다.

협상을 할 때는 본연한 '자아' 위에 협상가라는 새로운 '페르소나'를 덧입도록 하자.

여기서 협상가란, 상대방과 '선을 지키는' 친밀함을 가지고 합일점을 향해 균형을 이루며 나아가는 자다.

방송국에서 드라마 파는 여자

16
공감, 그리고 역지사지

처음 상대편 담당자를 만나면 어쩐지 긴장되기 마련이다. '구매자'라는 위치는 나 같은 판매자 입장에서 보면 '절대 갑님'이시기 때문이다. 구매자가 콘텐츠를 좋은 가격에 사주어야 회사 매출에 도움이 되고 나는 상사에게 좋은 평가를 받으며 사내에서 영향력 또한 커질 수 있다. 그래서 처음 상대편 담당자를 만나면 왠지 무찔러야 할 적수처럼 보이기도 하고 상대방의 기에 눌리지 않기 위해 더 꼿꼿해지는 등 은근한 기싸움을 벌이기도 한다.

하지만 어디선가 우연히 접한 이 글은 사람들에 대한 시선을 바꾸어주는 계기가 되었다.

"친절하라. 지금 그 사람은 힘겨운 싸움 중이니까."

알고 보니 우리 앞에 서 있는 구매자는 절대 권력을 누리는 사람이 아니다. 그 또한 내 앞에서 나만큼이나 작아져 있는 사람이다. 회사의 큰돈을 투자했는데 그만큼의 결과가 나오지 않을까 봐 고민이 이만저만 아니다. 계약을 꼭 성사시키기로 회사로부터 미션을 받고 나왔는데 판매 담당자가 찔러도 피 한 방울 나지 않을 것 같아 왠지 쪼그라든다. 최대한 낮은 가격으로 콘텐츠를 수급해서 상사로부터 인정받고 싶은데 노련한 판매자가 요리조리 미꾸라지처럼 빠져나가는 바람에 밤잠을 못 이루며 고심 중이다.

이렇듯 판매자와 구매자 모두 각자의 두려움을 안고 협상 테이블에 나섰다.

따라서 우선적으로 해야 할 일은 상대방을 무찌르는 것이 아니라 그의 입장을 이해하고 공감하는 일이다. 계약을 통해 얻고자 하는 가치가 무엇인지, 협상 과정 중 힘든 점은 없는지 상대의 입장을 파악하고 공감한 뒤 내 입장과 조율하면서 함께 해결책을 모색해야 한다.

손예진과 현빈이 주연으로 나온 〈협상〉이라는 영화가 있다. 경찰청 위기협상팀 하채윤과 인질극을 벌이는 무기 밀매업자 민태구가 화상 통화로 협상을 시작한다. 하채윤은 긴장되는 상황 속에서도 솔직하고 진정성 있는 태도로 민태구를 상대한다. '식사는 잘 했는지' 묻기도 하고, 감정을 숨기기보다 적절히 내보이며 상대의 도움을 요청하기도 한다. 그렇게 민태구와 조금씩 라포를 형성해간다. 마지막 실제로 대면하는 대치 상황에서조차 인간적인 모습으로 다가감으로써 결국 그의 마음을 울리고 만다.

방송국에서 드라마 파는 여자

인질 협상이라는 극한 상황에서조차 상대의 처지에 깊이 공감하려는 노력을 통해 결국 최악의 결과는 피할 수 있게 된 셈이다. 사람은 자신을 이해해주고 공감해주는 사람에게 결국 마음을 여는 법이다.

그렇다면 공감과 역지사지의 방법에는 어떤 것이 있을까?

우선, 상대방의 말을 '경청'하는 것이다.

경청이란 단순히 '듣다'를 넘어선 행위다. 영어 단어로 치면 'hear'와 'active listening'의 차이랄까. 상대의 눈을 마주치고 고개를 끄덕이는 요식 행위에만 집중하는 것은 경청이 아니다.

상대방이 진정으로 무엇을 원하는지 말의 행간을 읽어내고 숨은 의도에 집중해야 한다. '요구(Position)'와 '욕구(Interest)'를 분간하는 것이다. 값비싼 '미니시리즈'만 구매하던 상대방이 어느 날 '일일 드라마'를 요구한다. 그렇다면 구매자는 '일일 드라마'에 매력을 느껴서일 수도 있지만 예산이 부족해서 차선책을 선택한 것일 수도 있다. 따라서 상대방의 '욕구'를 파악해서 가격 할인이 가능한 구작 미니시리즈를 추천해줄 수도 있고, 패키지 판매로 유도하여 전반적인 가격 할인을 적용해줄 수도 있을 것이다.

이렇듯 상대방의 표면적 '요구'와 숨은 '욕구'를 구분하고 응대할 때 상대방은 우리를 '왠지 통하는 소울 메이트', '개떡같이 말해도 찰떡같이 알아듣는 센스쟁이'라고 여길 것이다.

**다음으로는 내가 원하는 것을 주지 말고
상대방이 원하는 것을 주는 것이다.**

예를 들면 상대방이 원하는 것은 '빠른 시일 내 계약을 체결하는 것'인데도 고급 레스토랑에서 접대하고 겸손한 태도로 대하면서도 시간을 질질 끌며 계약을 지체시킨다면 상대방은 우리를 좋은 파트너라고 생각하지 않을 것이다.

상대방이 바라는 방식이 아닌 내가 원하는 방식으로만 일을 진행하면서 '내 딴에는 최선을 다했다'라고 생각한다면 양쪽 모두 불만이 쌓일 수밖에 없고 그 관계는 원만히 지속되기 어렵다.

**마지막으로, 상대방이 싫어하는 것을 파악하고
그것을 되도록 하지 않는 것이다.**

관계가 원만히 지속되기 위해서는 상대방이 좋아하는 것을 하는 것도 중요하지만 무엇보다도 싫어하는 것을 하지 않는 것이 더욱 중요하다. 상대방은 '고양잇과'라서 사람들과 적당한 거리를 두고 싶어 하는데 이쪽에서 자꾸 친한 척하며 수시로 연락해 계약을 닦달한다면 상대방은 못 견뎌할 것이다. 또는 상대방은 객관적 데이터 없이 논의를 진행하는 것을 매우 싫어하는데 우리가 데이터는 성의 없이 제공하면서 기념품만 한 아름 안겨주며 스스로 만족해한다면 상대방은 우리와의 커뮤니케이션이 힘들다고 느낄 수 있다.

이렇듯, 상대방의 성향이나 처한 상황을 잘 파악하고 싫어하는 것을 가능한 피하면서 적재적소에서 상대방을 설득하는 것이 협상 기간을 훨씬 단축시키는 효과를 가져올 수 있다.

사람에 대해 알아갈수록 〈사람이 꽃보다 아름다워〉라는 노래 제목이 떠오른다. 알고 보면 나쁜 사람 없고, 알면 알수록 여리고 약한 한 인간일 뿐이다. 하지만 각자 '입장 차'라는 것이 존재하기에 서로 간에 오해나 반목이 발생할 뿐이다.

소설 《설계자들》이라는 책의 한 구절이다.

> "이 지구가 엉망인 건 사람들이 악하기 때문이 아니야. 모두가 그 럴듯한 사연과 변명을 가지고 있기 때문이지."

협상이 잘 풀리지 않고 팽팽한 긴장감만 느껴진다면 먼저 상대방의 입장을 이해하고 공감하려고 노력해보자. 그러고 난 후에 우리가 원하는 바를 꺼내도록 하자. 그럴 때 상대방도 마음을 열고 함께 해결책을 모색하기 위해 기꺼이 머리를 맞댈 것이다.

팀워크를 사수하라!

잉꼬부부로 오랫동안 알려진 연예인 커플이 이혼한다는 기사가 나온다. '헉, 그 사람들 쇼윈도 부부였어?'

치과 진료를 받으러 갔을 때다. 치료 중 통증이 느껴져 팔을 버둥거리다가 실수로 의사의 머리를 툭 치고 말았다. 죄송하고 민망한 상황이었다. 진료를 마치고 의사가 자리를 뜨자 간호사가 다가오더니 고소하다는 듯 말한다. "잘하셨어요. 호호."

팀워크에 대한 이야기를 하기 위해 두 가지 예시를 들어보았다.

쇼윈도 부부가 발생하는 이유는 여러 가지가 있겠지만 그중 하나는 바로 결혼이 하나의 '사회적 지위'로도 여겨지기 때문이다. 아무리 비혼주의가 유행한다 해도 여전히 결혼이 '주류'로 여겨지는 사회에서는 정상적인 가정생활을 하는 사람이 바깥일도 잘할 거라는 선입관이 자리한다. 가정에서의 팀워크를 토대로 그 사람의 사회생활 능력을 짐작하는 것이다.

따라서 협상을 팀으로 진행할 때는 이 점에 주의할 필요가 있다.

우리 내부의 팀워크를 보여주어야 한다. 그럴 때 상대방은 무의식중에 자신과의 협력 또한 잘 될 거라 여겨 우리에게 더욱 협조적이 될 것이다.

만약 팀 내 '협상 주무자'를 선정해 둔 경우라면 그에게 힘을 실어주는 것이 좋다. 협상 테이블에서 그와 다른 의견을 말한다거나 자신이 주목받기 위해 분위기를 몰아가는 것은 삼가도록 한다. 개별적으로 만나 상대방에게 우리 편 험담을 하는 것은 최악이다. 물론 회사생활에서는 보이지 않는 내부 경쟁 또한 미묘하다는 것을 안다. 하지만 팀워크를 생각하지 않고 개별적인 행동을 취할 때 배는 다 같이 침몰할 수 있다는 것을 기억하자. 물론 전략적으로 팀 내에서 '선한 역'과 '악역'으로 구분지어 응대하는 경우는 예외지만.

치과에서 의사와 간호사의 팀워크가 좋지 않다는 분위기를 읽자마자 그 병원에 대한 이미지가 다소 하락할 수밖에 없었다. 의사가 나한테 친절하게 대해줘도 왠지 가식처럼 느껴진다. 자기 얼굴에 침 뱉기 한 간호사는 더욱 별로다.

내부적으로 팀워크를 다지고 불협화음을 줄이려는 노력 또한 중요하지만 혹시나 그렇지 않더라도 외부 협상 시 이를 드러내는 것은 결코 바람직한 행동이 아니다.

위의 쇼윈도 부부나 치과의사를 옹호하는 의미는 아니지만, 팀으로 협상할 때는 팀워크가 필요하다는 것, 그리고 상대방이 보기에도 그래야 한다는 것을 기억하면 좋겠다.

17
마음의 여유가 1등

"협상할 때 가장 중요한 마음가짐 하나를 꼽는다면 무엇이 있을까요?" 누군가 나에게 묻는다면 조심스레 하나를 꼽을 수 있을 것 같다.

물론 지금까지 소개한 덕목들이 협상을 할 때 꼭 갖춰야 할 자질들임에는 분명하다. 하지만 연말 시상식에서도 '대상'은 있기 마련이다. 물론 '조연'이나 '우수 연기자'들이 없다면 드라마가 아예 만들어질 수 없다는 것도 기억하기 바란다.

자, 다시 질문으로 돌아가서 "협상할 때 단 하나만 갖출 수 있다면 어떠한 마음가짐이 필요하겠는가?"라는 질문에 나는 '마음의 여유'라고 답하겠다. 치열한 협상 테이블에서 마음의 여유라니 이게 말이야 빙구야 할 수도 있겠지만, 사실 너무도 중요한 말이다. 협상에서의 마음의 여유란 '이 계약이 되지 않아도 괜찮다'고 생각하는 배짱을 의미한다.

힘을 주는 것보다 힘을 빼는 것이 더 어렵다는 사실을 알고 있는가?

일상생활에서도 마찬가지다. 나 또한 중요치 않은 일이나 관계에서는 오히려 힘을 빼고 'take-it-easy' 하는 경향이 있지만, 중요하다고 생각하는 일이나 관계일수록 완벽주의적 성향이 두드러진다.

아이러니한 것은, 살면서 전자의 태도를 발휘했을 때의 결과가 더 좋았다는 점이다. 정말 잘해보고 싶은 사람과는 오히려 사랑이 잘 이뤄지지 않는 경험을 해본 적 있을 것이다. 상대의 말과 반응 하나하나에 의미 부여를 하며 시시각각 기뻐하고 좌절하며 혼자 마음속으로 사랑했다 이별했다가를 반복하다가 결국 지쳐 나가떨어지는 경험 말이다.

글을 쓸 때도 마찬가지다. 너무 잘 쓰고 싶다는 욕심이 앞서면 머리와 손이 먼저 알고 굳어버린다. 아무 글도 써내려가지 못하고 노트북을 닫아버리고 만다. 겨우 써낸 글은 왠지 모르게 허공에 떠도는, 그 누구의 글도 아닌 글이 되고 만다.

협상을 할 때도 마찬가지다. 잘해보고 싶은 협상일수록 모든 응대와 커뮤니케이션에 힘이 바짝 들어간다. 그래서 상대에게 이글이글 불타는, 계약을 향한 의지를 들키게 되어 도리어 주도권을 빼앗길 수 있다. 상대의 반응에 천국과 지옥을 오가며 일희일비하다가 중심을 잃고 휘청거리기도 한다. 의욕이 앞선 나머지 과도하게 밀어붙이는 바람에 상대가 뒤로 물러나거나 협상이 결렬되는 사태가 발생하기도 한다.

하지만 힘을 빼고 마음의 여유를 가지면 달라진다. 바로 눈앞의 문제에만 매몰되던 시야에서 벗어나 상황을 다각도로, 그리고 넓은 시각에서 바라볼 수 있다. 상대방을 대할 때도 여유가 한껏 묻어난다. 이러한 여유 있는 모습은 상대방에게도 고스란히 전달되어 상대가 도리어 안달을 내게 된다. 우리의 '여유'가 상대방에게는 자신이 적극적으로 나서야만 계약이 체결될 것 같은 무언의 '압박'으로 전달되기 때문이다. 결국 협상을 우리가 원하는 방향으로 이끌어 갈 수 있게 된다.

따라서 '이 계약이 꼭 체결되지 않아도 괜찮다'는 마음가짐으로 임할 때 오히려 계약이 더 잘 체결되는 아이러니한 결과를 맞닥뜨릴 것이다.

그렇다면 마음의 여유는 어떻게 얻을 수 있을까? 협상 중에 '나는 여유 있다, 여유 있다' 되뇌며 명상을 할 수도 없는 노릇이고 말이다.

첫 번째 비결은 관심을 분산시키는 데 있다.

"아니, 협상의 모든 단계가 다 중요하다면서요. 상대에게 집중해야 한다면서요."라고 되묻는다면 물론 그 말도 맞다. 여기서 관심을 분산시키라는 말은 협상 테이블에서가 아니라, 하나의 협상에만 집착하며 매몰되지 말고 다른 업무에도 의식적으로 관심을 분산시키라는 의미다. 만약 당신이 협상을 여러 건 동시에 진행하고 있어서 물리적으로 바쁘다면 오히려 심적으로는 하나의 협상을 대할 때 여유가 생긴다는 사실을 발견할 것이다. 마음의 여유는 한마디로, 자신이 가진 또 다른 무언가가 있을 때 나오는 것이기 때문이다. 가진 것이 하나밖에 없어서 그것에만 올인(all in) 해야 하는 상황일 때 우리에게는 어느 새 '집착'이라는 귀신이 들러붙고 만다.

내가 글로벌사업부에서 가장 좋은 성과를 냈을 때는 아이러니하게도 담당하는 국가들이 많았을 때다. 매우 바빴음에도 불구하고 당시 국가별 매출이 다수 상승했다. 보통 한 사람이 2~3개 국가를 맡곤 했는데 나는 혼자서 4개, 많게는 7개의 국가를 책임졌던 적도 있었다. 태베미캄싱말브(태국, 베트남, 미얀마, 캄보디아, 싱가포르, 말레이시아, 브루나이)…… 사실상 동남아 한류 시장 전체로도 볼 수 있는 지역이었다.

나는 매일매일 저글링 하는 기분이었다. 태국에서 발생한 이슈를 처리하다가 캄보디아 구매자의 메일에 응답하고, 뒤이어 미얀마 구매자와 미팅을 마치고 나면 베트남으로부터 걸려온 전화를 받았다. 그런데도 이 때 매출 실적이 높았던 까닭은 비록 몸은 바쁘고 머리는 쥐가 날 지경이었지만, 마음에는 여유가 있었기 때문이다. 국가를 7개나 담당하다 보니 하나의 국가에 그다지 집착하는 마음이 사라졌다. 만약 베트남 매출이 다소 하락하더라도 '신에게는 아직 6척의 배, 아니 6개의 국가가 남았소'라는 생각에 실적에 대한 압박이 줄어 들었다. 그렇다보니 계약 하나하나에 발을 동동 구르며 조급해하던 마음을 벗어던질 수 있었다.

그리고 워낙 바쁘다보니 계약에서 중요한 포인트만 잡아서 일을 빠르게 처리하게 되었다. 최대한 비효율적인 요소는 배제하고 의사 결정을 신속하면서도 정확히 하려고 했기 때문에 효율성이 훨씬 높아졌다. 작은 것에 연연하며 상대방과 기싸움하며 쓸데없는 에너지를 낭비할 때보다 훨씬 성과도 좋았다. 큰 가지는 살리고 작은 가지들은 쳐내는 방식이었다.

또한 마켓이 열리면 7개 국가에서 온 다양한 방송사의 구매자들과 30분 단위로 미팅을 하느라 항상 분주했다. 미팅이 한 건이라도 지연되면 내 주변은 다음 미팅을 기다리는 구매자들로 북적였다. 이 모습은 의도치 않게 구매자들에게 '잘나가는 셀러(seller)'로 비춰지게 되어 나의 주가는 올라갔다. 그들은 내게 시간을 끌며 더 많은 요구를 하는 대신 웬만하면 제안을 기꺼이 받아들였고, 바쁜 시간을 쪼개어 그들에게 연락한다는 것을 알았기 때문에 연락을 전보다 더 반가워했다. 또한 내심 '우리 계약이 아니더라도 이 사람은 잘나가는군. 어차피 우리 계약에 목매지 않을 테니 내가 적극적으로 나서는 수밖에'라고 생각했는지 나를 대하는 태도도 훨씬 호의적이고 적극적으로 변했다.

두 번째 비결은 '바트나'에 있다.

바트나(BATNA, Best Alternative To a Negotiated Agreement)란 협상이 조파(Zone Of Possible Agreement, 합의 가능 영역)를 벗어났을 때 취할 수

있는 '대안'을 의미한다. '대안'이 있을 때 우리는 비로소 마음의 여유를 가질 수 있다.

넷플릭스의 성공에는 〈하우스 오브 카드〉, 〈오징어 게임〉 등 오리지널 콘텐츠가 일등 공신이다. 하지만 넷플릭스가 처음부터 오리지널 콘텐츠를 제작할 계획은 아니었다. 유통 플랫폼으로서 좋은 콘텐츠를 수급하는 것이 우선 순위였기 때문이다. 하지만 기득권 미디어들이 넷플릭스에 갑질을 하기 시작한 것이다. 넷플릭스는 〈워킹데드(The Walking Dead)〉를 회당 135만 불에, 시트콤 〈사인펠드(Seinfeld)〉를 1억 9,000만 불에 구매해야 했다. 결국 엄청난 수급비용에 부담을 느낄 수밖에 없었고 오리지널 콘텐츠 제작을 앞당기게 된다. 여기서 '오리지널 콘텐츠'가 넷플릭스에게는 '바트나'인 셈이다. 바트나를 확보한 넷플릭스가 결국 대성공을 거두고 나아가 전 세계 콘텐츠 수급에서도 크나큰 협상 우위를 점하게 된 것은 당연지사다.

이 외에도 거래가 예상되는 다른 거래처들이 있을 경우 이 또한 '바트나'가 될 수 있다.

자신이 가진 또 다른 무언가가 있을 때 여유가 생긴다는 사실은 주변 사람들을 통해서도 쉽게 관찰할 수 있다. 자기 일을 열심히 하면서도 남의 성과를 인정할 줄 아는 사람, 힘든 상황에서도 배려와 유머를 잃지 않는 사람, 자기 것만을 움켜쥐며 아등바등하기보다 주변을 둘러볼 줄 아는 사람, 남을 험담하며 자위하기보다 그 시간에 실력 향상을 위해 노력하는 사람…… 이런 사람들이 바로 마음의 여유가 있는 사람들이다.

하지만 나는 이러한 마음의 여유가 그 사람의 인격 문제라기보다는 그 사람이 현재 처해 있는 상황이나 여건에서 나오는 경우가 더 많다고 본다. 자신이 무언가를 가졌을 때 남을 돌아볼 줄 아는 여유도 생기는 법이기 때문이다. 그동안 이뤄낸 성취든, 물려받은 수저 색깔이든, 평균 넘는 외모든, 주변 사람들로부터 사랑받는 성격이든, 종교 같은 가치관이든, 행복한 가정이든, 고유한 취미든, 현재에 감사할 줄 아는 마음이든, 사람은 자신이 무언가를 가졌다고 생각할 때 비로소 마음의 여유가 생긴다.

정리해보자. 협상을 할 때 가장 중요한 마음가짐 중 하나는 바로 '여유'다. 그리고 이러한 여유는 자신이 가진 또 다른 무언가가 있다는 의식에서 나올 수 있다. 집착을 분산시키려는 노력 또한 필수다.

단, 오해하지 말 것은 마음의 여유를 가지라고 해서 업무 자체에 태만하거나 무관심 하라는 뜻이 아니다. 모든 과정에 물심양면으로 최선을 다하되, 감정적인 '집착'에서 벗어나야 한다는 말이다.

기억하자. 삶의 모든 장면에서는 틈과 여유가 필요하다.
그곳이 비록 막대한 금액이 걸린 협상테이블일지라도 말이다.

방송국에서 드라마 파는 여자

18

현명한 여우

이쯤에서 책의 주제를 다시 한 번 상기해보도록 하자. 협상에서 중요한 것은 '상대방의 감정을 건드리는 것'이다. 우리는 그것을 실행하기 위한 구체적인 방법들을 하나씩 살펴보고 있다.

하지만 이를 제대로 실행하기 위해서는 갖추어야 할 세 가지 전제 조건이 있다.

유튜브에서 가장 인기 있는 콘텐츠는 무엇일까? 그중 하나는 바로 남녀 심리를 다룬 콘텐츠가 아닐까 한다. 연인 사이에서 주도권을 잡고 싶은 욕심이, '내 꺼 인 듯 내 꺼 아닌 내 꺼 같은 너'라는 노래가사처럼 애매한 사이에서 상대방의 마음을 들여다보고 싶은 욕망이 우리로 하여금 콘텐츠를 클릭하게 만든다. 어딜 가나 이러한 콘텐츠들을 쉽게 접할 수 있는 까닭에 요즘은 연애 박사들이 많아졌다.

머리로 습득한 이론을 어설프게 시험해보기도 한다. 한마디로 '기술' 을 쓰는 것이다. 하지만 주의할 점은 어설픈 기술은 안 쓰느니만 못 하다는 점이다. 진정한 고수란 '밀당하지 않는 것처럼 밀당하는 사 람'이다.

여기서 첫 번째 전제 조건이 등장한다.

첫 번째 전제 조건은
'기술은 상대방 모르게 사용해야 한다'는 점이다.

협상을 할 때도 마찬가지다. 지금까지 소개한 '상대방의 감정을 건드리는 기술'은 상대방이 의도를 알아채는 순간 상당 부분 효력을 잃게 된다. 아니 오히려 더 복잡해질 수 있다. 우리 의도에 넘어가는 것을 방지하고자 상대방이 이 시도를 요격하려 할 것이기 때문이다. 자신을 좌지우지하려고 한다는 생각에 우리가 사용하는 '기술'이 '공 격'처럼 느껴지는 까닭이다.

결국 의도치 않게 문제가 더 복잡해지고 관계가 꼬여버리고 만다. 서로 솔직한 모습으로 다가가면 지름길일 수도 있는 길이, 이리저리 왔다 갔다 좌우로 탐색하느라 오솔길마냥 구불구불해져버린다. 그래 서 나중에는 길 위에서 스스로를 잃고 타인을 연기하느라 지쳐버린 자신을, 그리고 상대의 반응에 어떻게 대응할지 고심하며 머리를 쥐 어뜯는 스스로를 발견할 것이다. 또한 서로 주도권을 잡으려는 기싸 움이 '뫼비우스의 띠'처럼 끝없이 이어지는 과정에서 서로 간의 신뢰가 쌓이지 않는 것은 두말할 것도 없고 말이다. 기술을 안 쓰는 것이 때로는 좋은 기술이 되는 이유다.

마키아벨리는 《군주론》을 통해 여우의 방식을 모방하는 법을 잘 아는 자들이 가장 큰 성공을 거두지만 이 기질을 잘 위장하는 법을 아는 것이 필요하다고 말했다.

그렇다면 내가 기술을 사용한다는 것을 상대방이 눈치채더라도 효과적인 방법은 없을까?

사람에게는 타고난 6번째 감각이 있다. 영어로는 식스 센스(the 6th sense), 한국어로는 직감 또는 육감이다. 이 감각으로 인하여 사람은 '영적인 동물'로 불린다. '그냥 왠지 그럴 것 같은데' 하는 것들이 자주 들어맞는 이유다. 따라서 아무리 효과적으로 기술을 사용한다 하더라도 상대방이 눈치챌 가능성이 아예 없는 것은 아니다.

남녀 관계에서도 남자들은 여자의 여우 짓이 다 보인다고 한다. 알면서도 속아 넘어가주는 것 뿐이다. 여자들은 자신이 마음먹고 사용한 기술이 남자에게 통했을 때 '아, 이 치명적인 매력!' 하며 속으로 쾌재를 부르겠지만 사실 남자들도 다 안다. 알면서도 속아주는 이유는 여자가 여우 짓 한다는 자체가 자신에게 마음이 있다는 긍정적인 신호이기 때문이다. 여기서 두 번째 전제 조건의 힌트를 얻을 수 있다.

두 번째 전제 조건은

바로 '진정성에 바탕을 두어야 한다'는 점이다.

자유 의지를 가진 사람이라면 누구나 자신이 조종당하는 것을 알게 되면 거부감을 느끼고 더 엇나가려는 특성을 보인다. 어설프게 기술을 사용하면 오히려 역효과가 나는 이유다. 하지만 상대방을 생각하는 '진심'이 느껴진다면 비교적 너그러운 마음으로 수용할 수 있게 된다.

따라서 기술을 사용할 때는 상대방과 협력하여 윈윈 하는 결과를 내고 싶어 하는 진정한 마음을 먼저 갖추어야 하겠다. 그래야만 상대방은 긴가민가하면서도 우리의 의도대로 기꺼이 따라와 줄 것이다. 결국 핵심은 '진정성'이다. 그 위에 기술을 접목하는 것이다.

마지막 세 번째 전제 조건은

'감정을 활용하되 감정적이어서는 안 된다'는 것이다.

이 글을 관통하는 주제인 '감정을 건드리라'는 말을 '감정적으로 굴어라'는 의미로 받아들여서는 곤란하다. 상대의 감정을 건드리되 자신의 감정은 다스릴 줄 알아야 한다. 특히 부정적인 감정에 주의해야 한다. 상대의 면전에서 발끈하며 들이받는 행동은 되도록 자제해야 한다.

감정을 현명하게 다스리는 것은 누구에게나 힘든 일이다. 우리처럼 MBTI가 F여서 감정적인 사람들에게는 더욱 그렇다. 나 또한 뒷담화를 하기보다 차라리 모든 것을 오픈하고 정면 공격하는 것이 더 쿨하고 현명한 방식이라고 생각했던 적도 있다. 물론 뒷담화가 옳다는 것은 아니지만, '날것'의 앞담화 또한 바람직한 방식은 아닌 것 같다.

특히 협상 테이블에서는 부정적인 감정을 다스리는 데 반드시 주의해야 한다. 실제 매출로도 직결될 수 있기 때문이다.

지금까지 상대방의 감정을 건드리는 협상 기술을 사용하기 위한 세 가지 전제 조건에 대해 알아보았다.

첫째, 상대방 모르게 하라.
둘째, 핵심은 결국 진정성이다.
셋째, 자신의 감정은 다스려라.

한마디로 '현명한 여우'란 진정성을 갖추고 상대를 대하며 자신의 감정을 잘 다스리는 사람이다. 여우가 되려거든 현명한 여우가 되자.

PART 3

맞춤형 응대

19

남자 vs 여자

협상에서는 상대방을 파악하는 것이 매우 중요하다. 그에 따른 '맞춤형 응대'를 하기 위해서다. 이번 장에서는 상대방에 대해 무엇을 파악해야 하는지, 그리고 그에 따른 응대 방법은 어떤 것인지 하나하나 살펴보도록 하겠다.

먼저 상대방의 '성별'이다.

지구를 휩쓸었던 남녀 관계 책이 하나 있다. 그 후로 수많은 연애 조언서가 파생되었지만 아마도 이 책이 거의 시초가 아닐까 한다. 바로《화성에서 온 남자, 금성에서 온 여자》!

막 성인이 되었을 무렵 이 책을 처음 접했던 것으로 기억한다. 그 전에는 남자와 여자는 신체적 차이만 존재할 뿐이라고 막연히 생각했다. 아니, '성별에 따른 심리적 기제는 무엇일까?'라는 의문 자체가 없었던 것 같다. 그냥 책장에 꽂혀 있던 책의 제목이 눈에 띄었고 '어랏, 남자의 조상이 화성인가? 아닌데, 아담인데……'라는 호기심에 읽기 시작했다. 그런데 읽을수록 완전히 신세계다. '남자와 여자가 생각하는 방식이 이렇게 다르구나.' 신기하면서도 '설마 그럴까?' 하는 의구심이 들었다. 하지만 책에 기술된 여자의 특성이 같은 여자로서 거의 다 맞는 것으로 미루어 볼 때 남자의 특성 또한 어느 정도 맞을 터였다.

책에 따르면, 그리고 실제 사회생활 등을 통해 확인한 바에 의하면, 남자가 움직이는 동력은 크게 세 가지다. '칭찬, 인정, 감사'. 반면 여자가 움직이는 주요 동력은 '관심, 공감, 이해'다. 물론 사람은 살면서 기본적으로 6가지 동력이 모두 필요하다. 하지만 남자와 여자의 마음의 문을 열기 위해서는 이처럼 각기 다른 열쇠를 사용하는 것이 좀 더 효과적일 수 있다.

그렇다면 구매자의 성별에 따른 응대 방식 또한 달라져야 한다.

나는 남자 구매자를 만나면 일단 그를 칭찬하고 인정하는 것으로 시작한다. 남자들은 기본적으로 여자들에 비해 소통에 대한 욕구가 크지 않고 기본적인 우호성 또한 낮은 경우가 많다. 자리에 앉자마자 바로 본론부터 들어가려고 한다거나, '성공적으로 계약을 달성하겠다'는 의욕이 앞선 나머지 기선제압을 하려고 하는 등 목적 지향적인 모습을 보이는 경우도 종종 있다.

'어디 한번 해보자'라는 마음으로 내 앞에 앉은 남자에게 나는 먼저 아이스 브레이킹을 통해 긴장을 풀어준다. 한 예로, 명함을 확인한 뒤 상대의 영향력이나 높은 직급, 소속된 회사의 위상 등에 대해 인정하고 감탄하는 것이다. 물론 있지도 않은 사실을 막 던지는 등 가식적으로 구는 것은 좋지 않지만 실제 가지고 있는 면을 바탕으로 상대방의 권위를 세워주고 인정해준다면 듣는 사람도 만족스러울 것이다.

그러면 갑옷으로 단단히 무장하고 있던 남자는 햇빛에 스르르 녹아내리는 눈사람이 된다. 자세부터 편안해지며 여유가 생긴다. 그때부터는 협조적인 반응을 보이는 경우가 많다. 물론 '돈'이 걸린 문제이기에 그 자리에서 바로 구매 결정까지 이뤄지는 경우는 많지 않지만, 각자 자리로 돌아간 뒤 거래에 대해 적극적이 된다. 또한 내가 제시한 조건을 존중해주려고 노력한다. 그래서 생각보다 거래가 쉽고 빨리 끝나는 경우도 많다. 이처럼 빠른 속도로 진행해주는 남자에게 '감사'의 마음을 표시하면 3G로 달리던 남자는 LTE가 된다.

이렇듯 자신의 존재를 '인정' 받으면 남자는 좋은 사람이 된다.

그렇다면 여자는 어떨까?

여자 구매자를 만나면 둘 다 처음부터 업무 얘기를 바로 꺼내지 않는다. 그녀도 알고 있는 것이다. 여자들끼리는 그런 면에서 통하는 면이 있다.

나는 여자 구매자를 만나면 먼저 관심을 보인다. 그녀에게 질문을

방송국에서 드라마 파는 여자

하고 대답을 경청한다. 옷이나 머리 스타일 등 외모에 대한 칭찬도 잊지 않는다. 그러면 그녀는 내심 우쭐함을 느끼며 나에게 협조적이 된다. 그렇게 상대방이 마음을 열기 시작하면 점점 상대방 안으로 파고든다. '회사 분위기는 어떤지, 일하면서 어려운 점은 없는지, 근무 시간 외에 무슨 일을 하면서 시간을 보내는지'와 같은 질문을 던지며 그녀가 답하면 적극적으로 공감해준다. 마치 친한 회사 동료와 티타임을 하고 있는 것처럼 느껴지도록 하는 것이다. 각자 회사에서의 직급이나 연령대가 비슷하다면 공감대 형성이 더 잘되는 편이다.

터키에 친한 여자 구매자가 있었다. 연예인 뺨치게 아름다운 외모를 자랑하는 언니였다. 우리는 친해진 후 서로 주민등록증, 아니 여권을 오픈했고 그녀가 나보다 2살 많다는 사실을 알게 되었다. 그녀와 친해진 계기는 터키에서 열린 'DISCOP West Asia'라는 국제 콘텐츠 마켓에 참가하기 위해 나 홀로 터키 출장을 갔을 때다. 행사 첫날 저녁, 이스탄불의 보스포루스(Bosporus) 해협이 내려다보이는 전망 좋은 레스토랑에서 그녀와 함께 식사를 했다. 분위기로 인해 마음이 몽글몽글해진 상태에서 우리는 많은 얘기를 나누었고 그날을 계기로 암묵적인 '언니-동생' 동맹이 체결되었다. 출장에서 돌아온 뒤 우리 터키 언니와 드라마 리메이크권 계약을 체결한 것은 바로 이 동맹의 결과였으리라.

여자들의 우정은 호의를 하나씩 주고받으면서 형성되는 측면이 있다. 이쪽에서 한 번 관심을 주면 다음번엔 상대방이 비슷한 강도로 보내오고 그렇게 하나둘씩 서로에 대한 관심과 호의가 쌓이면서 신뢰가 형성된다.

작은 선물을 주고받는 것도 추천한다. 한류가 활발한 동남아시아 국가의 경우 우리나라 화장품 같은 제품이 인기가 많다. 한국에서 국제 콘텐츠 마켓이 열릴 때마다 여자 구매자들은 백화점이나 로드숍에 들러 화장품을 사 가곤 한다. 따라서 상대가 외국인 여성인 경우, 부담되지 않는 선에서 작은 화장품 선물을 해주는 것도 관심을 표현하는 한 방법이 될 수 있다. 또는 우리 회사 로고나 주요 콘텐츠 로고가 새겨진 컵이나 문구류 등 볼 때마다 우리 회사를 상기시킬 수 있는 제품도 좋겠다.

이렇듯 여자는 '관심과 공감'을 받으면 좋은 사람이 된다.

아인슈타인은 "세상을 구할 수 있는 시간이 1시간 주어진다면 어떻게 사용할 것인가"라는 질문에 이렇게 답했다고 한다. "문제가 무엇인지 정의하는 데 55분을 쓰고 해결책을 찾는 데 나머지 5분을 쓰겠다."

협상도 이와 비슷하다. 먼저 상대방을 파악하고 관계를 탄탄히 쌓는데 55분을 써야 한다. 서로에 대해 잘 알지도 못하면서 계약서에 도장부터 찍으려고 해서는 안 된다. 먼저 호감과 신뢰를 쌓는 것이 우선임을 명심하자. 그러면 계약은 '관계'라는 물줄기를 따라 크고 작은 물방울들을 만들어낼 것이다. 그리고 어느 순간 그 물줄기가 모여 거대한 파도를 만들어내기도 할 것이다.

방송국에서 드라마 파는 여자

20
나이와 직급

두 번째는 상대방의 '연령'과 '직급'에 따른 대처 방법이다.

우선, 나는 스스로의 '나이 듦'이 진심으로 반갑고 고마운 사람이다. 지금은 보이지 않는 것이 보이게 될 50대 이후 지천명의 삶이 더기대된다. 물론 거울을 보다가 유독 인포커싱으로 집중되는 주름이나 신체 노화는 필사적으로 거부하고 싶지만 그것만 빼면 '젊음'보다좋은 것이라고 확신한다. '청춘'이라는 것은 인생이라는 신부의 화려한 면사포 속에 가려워진 민낯을 보지 못해 무모하게 돌진하는 시기인 경우가 많기 때문이다. 20대 시절은 그러한 '이상주의적인 무모함'만 있어서 차라리 다행인지 모른다. 30대는 사회생활도 조금 익숙해졌고 경력도 쌓여서 자신감이 붙으며 인생에 대해서도 어느 정도 알것 같은 시기다. 그래서 그때의 자아는 '슈퍼 자아'가 되기도 한다. 물론 슈퍼 자아가 지닌 위력 또한 어마어마하다. 잘 활용하면 그렇다.

하지만 많은 부분 좌충우돌하기 마련이다. 나 또한 당시의 슈퍼 자아로 인해서 다른 사람에게 상처 주거나 실수한 기억이 있다. 그러한 시행착오를 겪으며 조금씩 다듬어진 모습으로 우리는 인생의 중반기를 맞이한다.

따라서 협상 상대방이 자신보다 연장자거나 직급이 훨씬 높은 경우, 특히 부장급 이상인 경우, 그들은 이미 질풍노도의 시기를 다 겪어내고 다듬어진 모습이기에 매우 노련하다. 협상 경력 면에서도 그야말로 산전수전에 공중전까지 다 겪어봤을 확률이 높다. 이런 사람은 셋 중 하나다. 우리의 협상 기술이 통하지 않거나, 통하더라도 바로 중심을 잡을 수 있거나, 아니면 알면서도 받아주는 경우다.

따라서 이런 상대방에게는 다음의 두 가지를 염두에 두고 접근해야 한다. 바로 '솔직함'과 '연륜과 권위에 대한 존중'이다. 어린 시절 자신은 이리저리 짱구를 굴려서 피해가려는데 엄마가 귀신같이 알아채서 무서웠던 적이 있을 것이다. 연륜과 경험 면에서 비교가 되지 않기에 어차피 머리싸움으로는 되지 않는다. 이럴 때는 차라리 상대방 밑으로 들어가는 방식을 추천한다. 고개를 숙이고 그의 도움을 받으라는 뜻이다. 상대방과 내가 나무라면 몸을 꼿꼿이 세워 상대와 키재기를 하며 맞서지 말고 상대의 나무 그늘 밑으로 들어가서 그의 풍성한 가지들의 보호를 받는 식이다.

김언수 작가의 소설 《설계자들》이라는 책에는 이런 구절이 나온다. "나이가 드니까 말이야, 칼 들고 오는 놈들은 어떻게 버텨보겠는데 눈물 들고 오는 놈들은 막을 재간이 없네. 거참, 눈물이 칼보다 세더라니까."

협상 상대방 앞에서 눈물을 질질 짜라는 소리가 아니다. 상대방을 인정하면서 솔직하고 겸손한 태도로 그의 마음을 사로잡으라는 뜻이다. 자꾸 7살 아이 머리 위에 앉아 있는 엄마랑 밀당하지 말고 결국 실패할 일로 기싸움을 벌이며 시간과 에너지를 낭비하지 말라는 뜻이다. 어쩌다 한 번 승리를 거두더라도 장기적으로 그와 파트너가 되기 힘들 수 있거나, 상대가 업계에서 영향력 있는 사람인 경우 어느 순간 홀로 외로워질 수도 있다. 그러므로 상대방에게 원하는 조건을 직접적으로 이야기하고 그 이유를 솔직하게 말하되 겸손한 태도로 임하는 것이 훨씬 유리하다.

그렇다면 상대방이 나보다 한창 어리거나 직급이 훨씬 낮은 경우는 어떤 방식이 통할 수 있을까? 이때는 '당근과 채찍' 전략이다. '채찍'이라는 말에 거부감이 들 수도 있지만 이는 누구나 한 번쯤 들어봤을 용어다. 잘하면 그 행동을 계속할 수 있도록 당근을 주어 강화하고, 못 하면 그 행동을 멈출 수 있도록 채찍을 주는 것이다.

나의 경우는 일단 대등한 위치에서 눈높이를 맞추며 상대방을 존중하는 편이다. 이를 상대방이 고맙게 생각하고 함께 존중하는 태도를 취한다면 이 협상은 원활하게 진행될 수 있다. 하지만 맞춰주는 나를 만만하게 보고 소위 '갑질'을 하려고 한다면 관심을 중단하거나 채찍을 들어 제지한다. 메일이나 전화에 답신하지 않는 등 '협상 중단' 태세로 전환하는 것이다. 이때 상대방이 눈치채고 나에 대한 존중을 되찾으면 다시 상대해주는 식이다. 하지만 끝까지 '갑'의 태세를 버리지 못한다면 거래를 끝내고 다른 업체를 모색한다.

나는 나이가 어리거나 직급이 낮은 후배들과도 편하게 지내는 것을 좋아한다. 하지만 너무 편하게만 대하면 만만하게 보는 것이 사람의 본성이다. 결국 호의가 권리가 되고 마는 경우가 생기기도 한다. 오히려 '당근과 채찍'이 적절히 섞일 때 관계가 더 원활히 유지되는 것을 보며 한편으론 씁쓸한 마음이 들기도 한다.

정리하자면,
연령이나 직급이 높은 사람을 대할 때는
'솔직함'과 '연륜과 권위에 대한 존중'으로,
연령이나 직급이 낮은 사람을 대할 때는
'당근과 채찍'을 활용하는 것이 효과적일 수 있다.

방송국에서 드라마 파는 여자

21

캐릭터를 파악하라!

이번에는 상대방의 '성격'에 따른 대처 방법이다. 사람을 알아가는 일은 참 흥미롭다. 알고 보면 100% 나쁜 사람도, 100% 착한 사람도 없다. 물론 정도의 차이는 있고 사이코패스 같은 극단적인 뇌를 가진 경우는 예외겠지만 일반적으로는 모두 장점을 지닌, 하지만 그만큼의 결점도 지닌 똑같은 인간이다. 이러한 바탕 위에 저마다의 고유한 캐릭터가 있을 뿐이다.

협상을 할 때는 상대방의 이 고유한 캐릭터를 파악해야 한다. 우리가 파악해야 할 성격적 특성은 다음과 같이 4가지로 크게 구분할 수 있다.

먼저, 상대방이 '업무 중심적'인지 '관계 중심적'인지를 파악하는 일이다.
언젠가 부서 워크숍을 갔을 때 DISC 검사를 한 적 있다. 여기서 DISC란 '허리 디스크'가 아닌 '성격 유형'을 의미한다. 이 검사에서는 사람의 성격을 4가지 측면으로 나눈다 ; Dominance(주도형), Influence(사교형), Steadiness(안정형), Conscientiousness(신중형)

검사 결과, 사람마다 각각 2가지로 구성된 주요 성격이 도출되는데 나는 ID형으로 판명되었다. 업무를 할 때 사람들과의 '관계'를 활용하는 편이고, 주도적이고 진취적인 유형이다. 나와 정반대 유형은 SC형이다. 상대방과의 관계를 활용하는 경향이 I형보다는 적고 본인이 주도하기보다 타인의 의견을 따라가는 팔로워(follower)에 가깝다.

이 검사를 통해 서로의 성향에 대해 알고 나니 그제야 이해되는 부분이 많아졌다. 평소 정반대 성향을 가진 동료를 보며 '저 사람은 왜 저럴까?' 하며 눈을 흘기곤 했었는데 돈오점수 같은 깨달음이 오면서 흘겼던 눈을 조용히 거둘 수 있었던 것이다. '아, 저 사람은 틀린게 아니라 나와 다른 것이었구나. 타고난 성향 차이때문이구나.'

이처럼 상대방의 DISC 성향을 알아보든, MBTI를 물어보든, 직접 경험하고 느껴보든 중요한 것은 상대방이 '업무 중심적'인지 '관계 중심적'인지 파악하는 일이다.

만약 상대방이 '업무 중심적'인 유형이라면 스몰 토크나 잡담을 별로 좋아하지 않을 가능성이 높다. 바로 업무 이야기로 돌진하는 것을 선호할 것이다. 그를 설득할 때도 정확한 데이터에 근거하여 치밀하게 논리를 세우는 것이 중요하다. 함께 식사나 티타임을 할 때도 업무에 관한 대화 비중을 늘리는 것이 좋다. 취미나 가족 등 개인적인 이야기를 나누는 것은 시간 낭비라고 생각할 수 있다.

상대방이 업무 지식을 뽐낼 수 있도록 질문을 던져보자. 업계 현황에 대해 잘 알고 있을 테니 먼저 조건을 제시해달라고 요청해보자. 그는 무턱대고 우기기보다 최대한 논리적으로 접근할 것이므로 우리 쪽에서도 상대를 이해하고 협상안에 대한 의견차를 좁혀 나가기 쉬울 것이다.

반면 상대방이 '관계 중심적'인 사람이라면 이 책의 주제인 '감정을 건드리는 협상 방법'이 더욱 효과를 발휘할 것이다.

중국과 동남아시아의 많은 국가에서는 여전히 '꽌시'가 통하는 경우가 많다. '꽌시'란 한국어로 '관계'를 뜻하는 중국어다. 중국에서 사업하는 이야기를 담은 조정래 작가의 《정글만리》에는 이런 구절이 나온다. '중국 천지에서 꽌시만큼 중요한 것이 없었다. 그것이 없어서는 관으로 통하는 그 어떤 길도 열리지 않았다. 그것은 보물섬을 찾아가는 지도였고, 안 될 일도 되게 하는 요술방망이였고, 지옥에서 천국으로 갈 수 있는 열쇠였다."

꼭 중국이나 동남아시아 국가가 아니더라도 협상은 사람이 하는 일이기 때문에 관계가 통하는 경우가 많다. 그런데 상대방마저 유독 관계 중심적인 사람이라면 이 점을 잘 이해하면 좋을 것이다.

다음으로 파악해야 할 성격적 특성은 상대방의 '주도성'이다.

DISC 검사에 나오는 용어를 빌리자면 상대방이 Dominace(주도형) 인간인지 살펴보도록 한다. 만약 그런 유형이라면 상대방이 적극적으로 협상을 주도할 수 있도록 한 발짝 양보해보자. 먼저 협상안을 짜게 하고 미팅 할 때도 잘 경청하며 의견을 존중해주는 것이다. 그의 말을 무턱대고 '수용'하라는 의미가 아니다. 만나서는 마음을 열고 잘 경청한 뒤, 돌아와서 그에 대응할 논리를 세우면 된다. 반박할 것은 반박하고 주장할 것은 잘 정리해서 공손하지만 할 말은 하는 것이다. 상대방에게 주도권을 넘겨주는 모양새를 취하면서 우리 것을 취하는, 겉은 부드럽지만 속은 단단한 '에그타르트'처럼 우아하게 이기는 방식이다. 결과적으로 우리가 원하는 가치를 얻어내고 서로 윈윈할 수 있다면 과정은 지는 것처럼 보여도 상관없다.

이와 반대로 상대방이 팔로워 성향을 가졌다면 우리가 협상을 적극적으로 이끌어가도 무방할 것이다. 다만 상대방이 잘 따라올 수 있도록 배려하는 것을 잊지 말아야 한다. 그렇게 상대방의 속도에 맞추어 신뢰를 쌓는다면 의외로 협상은 쉽게 끝날 수도 있다. 만약 이렇게 주도하는 협상을 하게 된다면 과정도 결과도 만족스러울 것이다.

협상을 할 때 주도적으로 임하는 쪽이 꼭 승리를 거두는 것은 아니다. 여기서도 상기해야 할 사실은 협상이란 서로 마주 보며 힘겨루기를 하는 것이 아니라 나란히 서서 파트너십을 가지고 결과를 도출해내는 과정이라는 점이다. 상대방의 성향에 맞추어 유연하게 대처할 때 더 좋은 결과를 낼 수 있다는 사실을 기억하자.

방송국에서 드라마 파는 여자

세 번째는 상대방의 '의사 결정 속도'다.

태국의 한 구매자는 화통한 성격을 가진 한국인 여성이었다. 태국의 배급사에서 일하는 한국인 직원이었는데 그녀가 직접 나와의 협상을 담당했다. 그리고 그녀의 결정을 태국인 사장도 존중하는 눈치였다. 그녀는 화통한 성격답게 의사 결정 속도도 매우 빨라서 결과적으로 그 업체와의 계약 건수가 가장 많았다.

나는 이렇게 빠른 결정을 내리는 구매자를 좋아한다. 상대가 이런 유형일 경우 나 또한 질질 끌기보다 최대한 목표치에 근접한 금액을 제시하며 협상 속도에 박차를 가한다. 만약 내가 원하는 최종 금액이 회당 $15,000이라면 곧바로 $15,000을 부르거나 $16,000~17,000 정도로 조금 높여 시작하는 수준이다. 그리고 솔직한 그녀에게 나 역시 솔직하게 말한다. "이 계약이 빨리 체결되었으면 좋겠고 굳이 시간 낭비 하고 싶지 않다. 이것이 우리가 해줄 수 있는 마지노선이니 수락해주기 바란다. 이 금액이 아니면 이번 계약은 힘들 것 같다."

솔직하고 화통한 성격의 그녀답게 빠른 시일 내 'Yes 또는 No'로 답해준다. 결과는 내심 우려했던 바와 달리 'Yes'인 경우가 더 많았다. 그래서 차후 계약들도 속도를 내어 연속적으로 진행할 수 있었다.

만약 No라고 답하면 마지노선을 지키는 선에서 가격을 조금 에누리해주거나, 혹은 내 발언에 대한 신뢰성을 확보하기 위해 아예 팔지 않았다. 장기적으로는 '신뢰'를 지키는 것이 더 큰 이득이기 때문이다. 이번 거래는 포기하더라도 다음 거래에서 내가 어떤 금액을 제시했을 때 신뢰성이 확보될 수 있기 때문에 다음번부터는 협상이 훨씬 쉬워질 수 있다.

개인적으로 이렇게 화끈한 상대는 앞으로도 계속 같이 일하고 싶은 스타일이다.

만약 상대방이 협상을 의도적으로 질질 끄는 스타일이라면?

일단 인내심을 가지고 기다린다. 하지만 이러한 태도가 지속된다면 상대방의 페이스에 끌려다니지 않도록 중심을 잘 잡아야 한다. 같은 속도로 응대하거나 단호하게 협상 중단이나 불가 선언을 하는 등 상황에 맞춰 줄다리기를 해야 한다. 한편으로는 대안을 모색하면서 다른 업체로 옮겨갈 수도 있어야 한다. 이렇게 우리를 배려하지 않는 파트너와는 장기적인 파트너십을 기대하기 힘들다. 협상은 결과도 '윈윈'이어야 하지만, 과정도 '윈윈'이어야 하기 때문이다.

마지막으로 상대방의 '대접받고 싶은 욕구'를 파악하는 것이 좋다.

사람은 누구나 대접받는 것을 좋아한다. 하지만 유독 더 중요하게 여기는 사람, 반면 다소 부담스러워하는 사람이 있게 마련이다. 전자의 경우라면 그의 욕구를 채워줄 필요가 있다. 식사를 할 때도 장소 선정에 유의하여 그가 '대접받고 있다'고 느끼게 해주는 것이 중요하다.

부산에서 열리는 BCM(부산콘텐츠마켓)에서 캄보디아의 한 업체와 저녁 식사를 한 적 있다. 상대는 캄보디아 주요 방송사의 부사장급 2명이었는데 둘은 형제로서 나이는 30대 중반쯤으로 보였다. 아버지가 운영하는 방송사의 구매 담당자로서 한마디로 금수저인 셈이다. 어렸을 때부터 워낙 대접받는 것에 익숙하고 내심 그것을 즐기는 타입이었다.

기존 미팅을 통해 성향을 파악해 두었기에 그날의 저녁 식사는 광안대교가 훤히 내려다보이는 분위기 좋은 레스토랑으로 예약해두었다. 그곳은 해가 저물 무렵의 환상적인 뷰로 유명하다. 자신과의 저녁 식사를 위해 이렇게 좋은 레스토랑을 예약해놓았다는 사실에 그들이 매우 뿌듯해하는 것이 느껴졌다.

부산 밤바다의 야경이 마음을 말랑말랑하게 만들어준 덕분인 듯 식사 내내 분위기는 무척 화기애애했다. 우리는 일 얘기보다는 서로 살아가는 이야기를 나누며 공감대를 형성했다. 그중 동생은 캄보디아에 있는 여자 친구 이야기를 허심탄회하게 늘어놓았고, 형은 자녀들 사진을 보여주며 가족 자랑에 여념이 없었다. 그 순간 우리는 국적도, 살아온 환경도 다르지만 마치 고향 친구처럼 가까워진 느낌이었다.

그리고 식사를 마칠 무렵, 나는 자연스레 계약 이야기를 살짝 끼워 넣었다. 당시 1년간의 아웃풋딜(방영 예정인 드라마를 미리 한꺼번에 구매하는 것. 예를 들면 앞으로 1년 간 방영될 수목 드라마를 전부 계약하는 방식)이 만료되는 상황이었기에 재계약에 대해 본격적으로 논의를 시작해야 하는 시점이었다. 하지만 우리는 계약 협의는커녕 저녁 시간 내내 즐겁게 '잡담'만 나누었던 것이다. 분위기가 한껏 무르익고 식사가 마무리될 무렵, 기회를 포착해 분위기를 해치지 않는 선에서 원하는 '계약 조건'에 대해 간단히 언급했고 우리의 파트너십이 지속되기를 희망한다는 뜻을 전했다. 그러고 나서 바로 '친구 모드'로 되돌아가 남은 식사를 즐겁게 마치고 택시로 그들을 배웅해주었다.

행사가 끝나고 그들은 캄보디아로 되돌아갔고 나는 독촉하지 않고 가만히 기다렸다. 그리고 며칠 뒤, 캄보디아로부터 반가운 전화가 걸려왔다. 답은 'YES'였다!

덕분에 나는 1년 기간이던 아웃풋딜을 3년 장기 계약으로 늘릴 수 있었고, 당시 캄보디아 최고 단가로 계약을 체결하였으며, 매년 단가 인상까지 이뤄냈고, 거기에 덧붙여 '구작 드라마 패키지' 계약까지 묶음 판매를 할 수 있었다. 이 정도 계약 규모는 부산 야경과 함께했던 저녁 식사의 힘이라고 밖에는 볼 수 없었다. 분위기 좋은 고급 레스토랑에서의 접대, 식사 중 친밀하게 공감대를 형성한 점, 그리고 택시로 바래다주기까지 한 풀코스 대접에 그들이 감동했음이 여실히 결과로 드러났다. 그리고 깨달았다. 상대방의 마음의 벽을 무너뜨릴 수 있는 포인트를 아는 것이 얼마나 중요한 것인가를.

방송국에서 드라마 파는 여자

22
고유한 국민성

마지막으로 '국민성'이다. 언젠가 국가별 국민성을 풍자한 유머 책《지구촌 천태만상》을 읽은 적 있다. 그중 재밌었던 부분을 하나 소개하겠다.

〈나라별 관계 양태〉

미국인은 서로 친해지기 쉽지 않지만 일단 친해지면 합리적이고,

중국인은 서로 친해지기 쉽지 않지만 일단 친해지면 오래가고,

일본인은 서로 친해지기 쉽지만 친해져도 그 속내를 알 수 없고,

한국인은 서로 친해지기 쉬운 데다 친해지면 곧 형님, 아우, 언니, 동생으로 발전한다.

미국, 중국, 일본, 한국인의 관계 맺는 양상에 대한 설명이다. 물론

한 국가의 국민성을 단순히 이것 하나만으로 정의할 수는 없지만 국가마다 고유한 국민성이 있다는 것은 부인할 수 없는 사실이다.

나는 수년간 한류 주요 시장인 동남아시아를 담당했다. 그전의 나에게 동남아시아는 마치 하나의 나라처럼 뭉뚱그려진 이미지였다. 여행을 많이 안 다녀봐서 무지한 탓이었다. 서양 사람들이 한국인, 중국인, 일본인을 잘 구분하지 못하듯 나 또한 같은 오류를 범했던 것이다. 하지만 몇 년 간 그들과 함께 일하면서 같은 동남아시아라도 국가별로 국민성이 확연히 다르다는 사실을 깨달을 수 있었다. 한국식 영어 발음(콩글리쉬)이 존재하듯 캄보디아식, 베트남식 영어 발음이 다르다는 것 또한 새로운 발견이었다. 그 후로는 새로운 국가를 담당하면 가장 먼저 국민성에 대해 파악한다.

동남아시아 국가들을 두루 맡으면서 특히 태국과 베트남의 국민성이 흥미롭게 다가왔다. 두 국가 모두 확연히 드러나는 특성이 있었고 서로 묘하게 상반되는 까닭이었다. 한마디로 태국인들이 '외유내강'이라면 베트남인들은 '외강내유'라고나 할까.

태국인들은 미소가 아름답다. 항상 웃으며 다정하고 친절하다. 사람에 대한 경계심이 별로 없고 열린 마음을 가졌으며 매너가 좋다. 그래서 금방 친해진다. 하지만 어느 순간 거기까지라는 느낌이 든다. 관계가 깊어지는 데 시간이 더 필요해 보인다. 항상 어느 정도의 거리가 유지되는 다정함으로서 그들의 마음을 완전히 사로잡기에는 한계가 있어 보인다.

반면 베트남인들은 발랄하면서도 강한 기운을 가지고 있다. 베트남 구매자 중에는 유독 여성이 많은데 한마디로 '쎈 언니' 느낌이다. 전화 통화를 해도 주로 자기 할 말만 '다다다다' 늘어놓고 끊는 경우가 허다하다. 하지만 속정이 깊다. 거래가 끝난 후에도 지속적으로 인연이 닿는 구매자들은 베트남 구매자가 많다.

나는 이유가 궁금해졌다. 왜 같은 동남아시아인데도 태국인들과 베트남인들은 정반대 성향을 띠는 것일까? 결국 책과 인터넷을 찾아보고 나서야 다음과 같은 힌트를 얻을 수 있었다.

먼저, 태국은 역사적으로 아시아에서 유일하게 독립을 지켜낸 국가다. 단 한 번도 식민지 시절을 겪어 본 적이 없어서 피해의식이 별로 없고 미소가 아름다우며 성격이 무난하다. 분쟁을 싫어하고 낙천적인 국민성을 가지고 있다. 또한 외국인들에게 친절하지만 자기 나라에 대한 자부심이 매우 강하다.

이에 반해, 베트남은 수차례 외세 침략을 받았다. 하지만 수백 년이상 지속된 중국과 프랑스 식민지 생활 속에서도 계속 저항함으로써 결국 독립을 이뤄냈고, 베트남 전쟁에서 세계 최강 미국을 이겨낸 자부심이 있다. 이러한 외세 침략으로부터 독립을 이뤄낸 역사 속에서 국민들은 불굴의 의지를 지니게 된다. 자존심이 강하고 지는 것을 싫어한다. 또한 여성의 사회활동이 활발한 편이며, 정부와 주요 단체 등의 요직에도 여성이 많이 진출해 있다. 역사적으로 식민지 시절과 산업화를 겪었다는 점에서 우리와도 비슷한 면이 많아서인지 국민성도 어쩐지 유사한 부분이 있는 것 같다.

이렇듯 각 나라의 역사적 배경이나 국민성에 대해 알고 나면 그들을 더욱 잘 이해할 수 있게 된다. 그리고 왠지 더 가깝게 느껴진다. 만약 이를 잘 몰랐다면 태국인 구매자가 친절하게 웃으며 가격 협상을 시도할 때 '진짜가 나타났다!' 하며 간이고 쓸개고 다 빼주려고 했을지 모른다. 이는 바로 협상 실패로 가는 지름길이다. 또는 베트남 구매자가 내 말은 듣지 않고 자기 할 말만 늘어놓을 때 '싸우자는 건가?' 마음 상해하며 전화를 끊어버렸을지도 모를 일이다. 이렇듯 세계를 무대로 사업을 할 때는 가장 먼저 그 나라의 국민성을 파악하는 것이 기본 중의 기본이다.

지금까지 상대방을 파악하고 그에 따른 '맞춤형' 응대를 하는 방법에 대해 알아보았다. 여기서 이런 의문이 들 수 있을 것이다.

'아니, 상대방의 성별과 연령, 성격, 국민성까지 고려하면서 접근하는 건 너무 계산적인 것 아닐까?'

전혀 아니다. 오히려 이것이 상대방을 존중하는 방식이다. 상대방이 어떤 것을 싫어하고 어떤 것을 좋아하며 어떤 것에 반응하는지 아는 것이 진정한 파트너라고 할 수 있지 않을까? 그것이 협상을 쉽게 만들고 시간을 단축시키며 결과적으로 서로 윈윈 할 수 있는 지름길이다.

방송국에서 드라마 파는 여자

《그리스인 조르바》라는 책에 나오는 말이다.

"지금 우리 앞에 있는 건 육반입니다. 우리 마음이 육반이 되게
해야 합니다. 내일이면 갈탄광이 우리 앞에 있을 겁니다. 그때 우
리 마음은 갈탄광이 되어야 합니다. 어정쩡하다 보면 아무 짓도
못 하지요."

우리는 우리 앞에 있는 상대방의 캐릭터를 잘 파악하고 그에 맞추
어 '육반'이 되기도, '갈탄광'이 되기도 해야 한다. '육반'이 되어야 할
때 '갈탄광'이 되거나 그 반대가 된다면 결과는 불 보듯 뻔하다.

기억하자. 협상에서는 업무 지식을 아는 것도 중요하지만
상대방에 대해 아는 것 또한 그에 못지않게 중요하다는 사실을.

23
'나'라는 온전함

나는 스스로를 사랑하고 아끼는 편이다. 그렇다고 해서 자신에 대해 온전히 만족하는 것 같지는 않다. 다른 사람들을 부러워하며 내가 가지지 못한 매력을 가진 사람을 보면 닮고 싶은 나머지 슬그머니 따라해보기도 한다.

하지만 어느 순간 알게 되었다. 장점과 단점은 동시에 작용한다는 것을, 그리고 장점을 더욱 갈고 닦는 것이 단점을 보완하는 것보다 훨씬 효과적이라는 사실을 말이다.

한 사람의 장점은 다른 면에서 보면 단점이 되고, 반면 단점은 또 다른 면에서 장점이 된다. 인싸인 사람은 어딜 가나 주목받기 때문에 타인에 대한 세심함과 배려가 부족할 수 있다. 반대로 사람들 사이에 존재감 없는 사람은 자기만의 세계에 집중하는 경향이 있어서 풍부한 내면을 가질 수 있다. 또한 추진력이 강한 사람은 상대편 입장에서 다소 상대하기 부담스러울 수 있지만 확실한 성과를 내는 장점이 있는 반면, 남의 의견을 먼저 들어주는 사람은 골을 넣기는 힘들 수 있지만 팀 내에서 미드필드의 역할을 톡톡히 해낼 것이다.

이렇듯 한 사람의 캐릭터에는 '양면성'이 있고 세상에 완벽한 사람은 단 한 사람도 없기 때문에 굳이 자신이 갖고 있지도 않은 면을 가지려고 지나치게 애쓴다거나, 단점을 고치려고 과도하게 노력하는 것은 시간 낭비다. 차라리 그 시간에 장점과 매력을 극대화시키는 것이 삶의 과정과 결과 면에서 모두 만족스러울 것이다.

협상을 할 때도 마찬가지다. 협상을 완벽하게 꾸려나가겠다는 의욕이 앞선 나머지 나 자신이 아닌 사람을 연기하지는 말자. 인간적인 매력을 펼치되 이 매력은 자신이 실제로 가지고 있는 것이어야 한다. 실제 모습을 바탕으로 여기에 협상가라는 페르소나를 두르고 기술을 접목시키는 것이다.

자신은 대화를 주도하는 것보다 남의 말을 듣는 것이 더 자신 있는 '굿 리스너(Good Listener)'인데 왠지 협상 테이블에서는 말을 더 많이 하는 사람이 이기는 것 같아 쓸데없는 말을 마구 지껄이다가는 어느 순간 '갑분싸(갑자기 분위기 싸해짐)'됨을 발견할 것이다. 또한 실제로는 재기발랄한 성격인데 갑자기 인자한 어머니 콘셉트로 방긋방긋 미소만 짓고 있다가는 결국 입 꼬리에 쥐가 나서 더 이상 이 콘셉트는 사용 불가라는 사실을 깨닫게 될 것이다. 매력 어필이라는 말을 잘못 해석해서 되도 않는 '팜므파탈'이나 '옴므파탈'을 연기한다거나,

남들과 트러블 일으키는 것은 심장 떨리는 성격인데도 왠지 쎄 보이고 싶어서 '쌈닭'을 연기하면 안 된다.

그래도 나 자신이 아닌 모습으로 임해보고 싶다면 한번 시도해보라. 결국 이러한 '연기'에는 반드시 한계점이 온다는 사실을 알게 될 것이다.

이렇게 스스로의 장점과 매력을 발견했다면 상대방에게도 이를 드러내야 한다. 자신만의 필살기를 맘껏 뽐내도록 하자. 뛰어난 유머 감각이든, 현란한 지식이든, 상대방의 기분을 좋게 하는 다채로운 리액션이든, 탁월한 공감 능력이든 상관없다. 선을 지키는 수준에서 자신이 가장 매력적으로 보이는 모습을 끄집어내자.

스위스 작가 로베르트 발저는 《산책자》에서 이런 말을 했다.

"내가 나일 때, 나는 나에게 만족합니다. 그러면 나를 둘러싼 세상 전체도 조화로운 음색을 냅니다."

누군가와 조화를 이루기 위해서는 무조건 상대방에게 맞춰주는 것만이 능사는 아니다. 오히려 자신의 고유한 매력을 발산할 때 거기에 맞춰 주변과 상황이 조화를 이루기도 한다는 사실을 깨닫길 바란다.

이러한 매력 발산에, 앞서 파악한 대로 상대방에 대한 맞춤형 응대까지 적절히 더한다면 100점짜리 협상가가 될 수 있을 것이다.

방송국에서 드라마 파는 여자

여기서 잠깐?! 🎯

Be Natural

우리 회사 1층 로비에는 커피숍 쌍두마차가 있다. 둘 다 유명한 프랜차이즈로서 나 또한 자주 애용한다. 하지만 둘 중 왠지 더 편안한 느낌을 주는 곳이 있다. 이유는 모르겠지만 '그냥 왠지 더 끌리는 곳'이라는 느낌적인 느낌이랄까.

그러다 어느 순간 깨달았다. 바로 점원의 응대 방식에 차이가 있었던 것이다. 물론 둘 다 계산을 실수한다거나, 나에게 심한 말을 건넨 곳은 없다. 점원들 모두 프로페셔널하다.

하지만 한 곳은 응대 방식이 훨씬 자연스럽고, 상대로 하여금 인간적인 존중을 받고 있다는 느낌을 준다. 필요한 말은 다 하면서도 재촉하는 기색이 없다. 항상 사람들로 붐비는 곳이지만 주문하는 사람의 속도에 맞추어 서두르지 않고 눈을 맞추며 배려해준다. 그래서 그곳에서의 거래는 마음이 편안하다. 아마도 본사에서 그렇게 교육을 시키는 모양이다. 점원이 바뀌어도 태도는 한결같기 때문이다.

반면 다른 한 곳에서는 빨리 대답하지 않으면 왠지 레이저빔이 나올 것 같다. 주문 요청부터 마일리지 적립, 테이크아웃 유무 등의 매뉴얼이 순서대로 쏟아진다. 말하는 톤과 묻는 질문의 속도에 어찌나 일관성이 있는지 Ctrl+V, Ctrl+C를 해놓은 듯하다.

얼마 전 한 동료와 두 번째 커피숍을 찾았다. 그러자 주문을 마치고 온 동료가 투덜거린다. "여기 점원들은 너무 형식적이야." 동료 또한 그렇게 느끼는 것을 보니 내 기분 탓만은 아닌 것 같다.

협상 미팅을 할 때도 마찬가지다. 해야 할 말들을 잔뜩 준비해놓았을 테지만 빨간 펜 선생님처럼 일일이 체크하며 깐깐하게 굴어서도 안 되고, 학교 행사를 진행하듯 국가 의례부터 교장선생님 훈화 말씀까지 매뉴얼대로 척척 진행할 필요도 없다.

왠지 편안한 느낌을 주도록, 왠지 끌리도록, 상대방의 속도에 맞추어 자연스럽게 응대하자.

방송국에서 드라마 파는 여자

PART 4

교착 상태 해결 방법

24
벼랑 끝 전술

지금까지 협상의 '본 게임'에서 사용할 수 있는 방법들을 알아보았다. 이제부터는 협상에서 '교착 상태'에 빠졌을 때 해결 방안에 대하여 하나씩 살펴보도록 하자.

홍콩의 한 업체와 콘텐츠 공급에 관한 재계약 협상을 담당했을 때다. 기존 계약을 통해 우리 콘텐츠가 상대방 플랫폼에서 서비스되고 있는 상황에서 계약 만료 시점이 다가왔고 재계약에 대한 논의를 시작해야 했다. 이번 협상을 어떻게 이끌어가야 할지 고민하다가 '벼랑 끝 전술'이 통할 것 같다는 확신이 들었다. 이유는 다음과 같다.

먼저, 상대방이 재계약을 원한다는 것을 알았기 때문이다. 우리 콘텐츠를 자사 플랫폼에 서비스함으로써 매출에 긍정적인 영향을 미치고 있었기 때문에 굳이 우리와의 재계약을 마다할 이유가 없었다.

두 번째는, 바로 상대방의 캐릭터와 그가 처한 상황 때문이었다.

나는 이 두 가지 근거를 토대로 벼랑 끝 전술을 사용하기로 결심했다.

그렇다면 여기서 상대방의 캐릭터와 그가 처한 상황이란 무엇일까?

그는 30대 중반의 남성에 엄청난 워커홀릭이다. 그 나이에 벌써 홍콩의 유수 통신기업의 VP(Vice President, 부회장)를 달 정도로 업계에서 인정을 받고 있었다. 여기에 지난번 우리와의 계약에 성공함으로써 한국 콘텐츠를 보강함에 따라 입지가 더욱 강화되었음은 분명했다.

그는 매우 똑똑한 남자다. 업계 현황이나 콘텐츠 산업에 대한 지적 수준에서 타의 추종을 불허한다. 협상을 할 때도 현란한 지식과 논리를 앞세우며 적극적으로 분위기를 주도하는 바람에 나의 토크 점유율은 20% 언저리에 머무는 경우가 많았다. 하지만 그의 박식함을 인정하지 않을 수 없었기에 미팅 내내 고개만 끄덕이며 말 한마디 한마디에 돌고래 같은 소리로 조용히 감탄하곤 했다.

한마디로 그는 인생에서 '실패'를 모르는 남자, 완벽한 모범생 자체였다. 찔러도 피 한 방울 나오지 않을 것 같은 독종, 틈이라고는 손톱 사이밖에 없을 것 같은 완전체 느낌.

하지만 사람의 장점과 단점은 언제나 함께인 법. 누군가의 장점은 뒤집어보면 단점이 되기도 한다. 그것이 그의 맹점이기도 하다는 것을 어느 순간 알아차릴 수 있었다. 내가 벼랑 끝 전술이 통할 것이라고 판단했던 이유다.

나는 협상을 시작하고 나서 재계약 조건에 대해 매우 높은 수준을 제시한 바 있었다. 그들은 당연히 우리가 제시한 조건을 수용하지 않았고 상당한 시간이 흐르고 나서야 한 차례 커다란 터닝 포인트를 통해 간격을 거의 좁힌 상태였다. 하지만 계약 만료일까지는 1달여의 시간이 남아 있었다. 그리고 최종 조건을 조율하는 과정에서 막판 줄다리기가 이어지고 있었다. 우리가 요구한 최종 조건이 불합리한 것이 아니라는 판단이 섰기에 나는 이때 벼랑 끝 전술을 사용하기로 마음먹었다. 만료 시점에 이를 때까지 상대방을 몰아세우는 방식이었다.

나는 지키고 싶은 가치는 끝까지 사수하며 상대가 수락하기를 기다리고 또 기다렸다. 하지만 역시나 만만찮은 상대답게 그 역시 조건을 자신들에게 유리한 방향으로 끌고 가려하며 버티기 작전에 돌입했다.

다된 죽에 코 빠뜨리는 마냥 막판에 다시 대치상태에 돌입하자 부장님이 나를 가만히 부르셨다.

"송 차장, 이쯤에서 체결하고 마무리합시다. 이러다가 딜 브레이크(계약 무산)되면 어쩌려고 그래? 이 정도도 괜찮으니 그냥 여기서 끝내자고."

물론 결과는 나쁘지 않았다. 이미 합의된 바로도 타사 대비 유리한 수준으로 재계약을 체결할 수 있었다. 하지만 이대로 끝내기에는 못내 아쉬웠다. 그만큼 확신했던 것이다. 물론 주관적 판단이었기에 '혹시나' 하는 두려움이 아예 없었다면 거짓말이겠지만 감을 한번 믿어보고 싶었다.

"부장님, 조금만 더 기다려주세요. 절대로 딜 브레이크가 되는 일은 없도록 할 테니 저 한 번만 믿어주세요."

그렇다면 그에게 '벼랑 끝 전술'이 통하리라 판단했던 확신의 근거는 무엇이었을까?

바로 '그의 인생에 실패란 없다'는 점이다. 그는 지금까지 계속 승승장구해온 사람이다. 엘리트 코스를 밟아가며 정상에 가까운 위치에 서 있다. 자존심이 강하고 실패를 두려워하는 성격이다. 이번 재계약이 무산된다면 그의 커리어에 오점으로 남을 것이다. 그렇기에 이 상황을 그가 손 놓고 가만둘 리 없다. 그러니 끝까지 버틴다면 아무래도 승산이 있었다. 계약 만료 시점인 벼랑 끝까지 내몰린 그가 조건을 수락하거나, 아니면 새로운 합의안을 제시해오거나, 둘 중 하나일 테니 말이다. 둘 다 아무래도 상관없었다. 이미 지금까지 합의한 바로도 어느 정도 만족스러운 수준이었기 때문이다.

그는 점점 마음이 급해졌는지 우리 조건을 일부 수락하면서도 새로운 합의안을 접목시킨 제안을 계속 해왔다. 계약 만료일이 코앞으로 다가왔다. 상대의 메일 속도가 점점 빨라지고 있었다. 나는 조건을 일부 조율하면서도 내 가치는 사수하며 끝까지 버텼다. 그의 인생 사전에 '2018년 한국의 A방송사와의 재계약은 무산되고 말았다. 나는 실패했다'라는 내용은 없을 테니까.

드디어 계약 만료일이 되었다. 나는 그에게서 메일 한 통을 받게 된다. 지금까지 합의한 대로 재계약 조건에 대해 수락한다는 내용이었다.

'벼랑 끝 전술'은 우리가 원하는 가치를 무조건 얻어내는 것이 목표일 때, 상대방이 계약을 하고 싶어 하는 욕구가 강할 때, 또는 상대방의 상황에 비추어볼 때 통하리라 판단될 경우 과감하게 시도해볼 수 있는 방법이다. 물론 그 외의 경우에는 오히려 역공을 당하거나 벼랑 끝으로 내몰릴 수도 있으니 주의해야 할 것이다.

그는 여전히 잘나간다. 한국에서 열리는 콘퍼런스에도 여러 번 초청되어 연사로 활약하기도 했다. 앞으로도 큰 실패가 없을 그의 앞날을 진심으로 응원한다.

25
기다려라, 만만디

살면서 중요한 덕목 중 하나는 '인내'라는 사실을 종종 깨닫고는 한다. 기다리고 인내하다보면 언젠가 내 차례는 반드시 돌아온다. 꼭 결핍된 부분이 채워지는 것은 아닐지라도 어떤 면에서든, 어떤 방식으로든 삶에서 반드시 보상을 받게 된다. 따라서 기다린다는 것은 자신의 삶을 사랑하고 존중하는 방식이다.

상대방에 대해서도 마찬가지다. 믿고 기다려준다는 것은 바로 상대를 존중한다는 의미다. 또한 협상에서 나에게 콩고물이 떨어지기도 하는 일거양득의 기술이기도 하다.

나는 친한 후배일수록 직설적인 말을 서슴지 않았다. 앞으로 잘되길 바라는 마음으로 지극히 현실적인 조언을 주곤 했다. 그래서 한 후배는 나에게 "아, 이 언니 찐이야(진짜야)"라고 말했다.

하지만 어느 순간 깨닫게 되었다. 상대방이 처한 상황과 감정에 스스로 몰입한 나머지 랩퍼 '아웃사이더'의 랩처럼 쉬지 않고 열변을 토해내다 보면 어느 순간 그들의 어리둥절한 눈동자와 마주할 때가 있는 것이다. 알고 보니 아직 그 말을 완벽히 이해할 수도, 소화해낼 수도 없는 연륜인 거다. 사람은 좌충우돌하며 온몸과 마음으로 부딪히며 스스로 체득해야만 깨닫게 되는 존재다. 아무리 인생 선배가 이러쿵저러쿵 조언을 해도 결국 그 시기가 도달해야만 비로소 알게 되는 것들이 있다.

그 사실을 뒤늦게야 깨닫게 되었다. 그들은 조언이나 충고보다는 힘든 상황에 대한 공감과 위로가 필요할 뿐이라는 것을. 더 이상 개입하지 않고 묵묵히 기다려주는 것이야말로 인생 선배로서의 '직무 유기'가 아닌, 그들을 존중하는 방식이라는 것을 말이다.

협상을 할 때도 '기다림의 미학'이 발휘될 때가 많다. 협상에서 '기다림'이란 앞서 말한 상대방을 존중하는 방식일 뿐 아니라, 우리가 얻고자 하는 바를 효과적으로 얻을 수 있는 기술이기도 하다.

앞서 언급한 바 있는 조정래 작가의《정글만리》에 소개된 중국인의 특성 가운데 하나는 바로 '만만디'다. 한국어로는 '천천히'라는 뜻이다. 중국인들은 거래를 할 때 기다리며 버티기 작전을 사용하는 경우가 많은데 '빨리빨리' 문화에 익숙한 성질 급한 한국인이 중국인과 협상하면 실패할 확률이 높다고 한다.

방송국에서 드라마 파는 여자

하지만 '만만디 전략'은 비단 중국에서만 통하는 방식이 아니다. 협상에서는 기다리는 자가 승리하는 경우가 많다. 그러므로 협상이 교착 상태에 빠졌을 때 일단 기다려야 한다.

기다리는 것이 중요한 이유는 무엇일까?

먼저, 기다린다는 것은 '여유'의 또 다른 말이다.

앞서 나는 '마음의 여유를 가지라'고 말한 바 있다. 그래야만 시야가 좁아지지 않고 큰 그림을 볼 수 있으며 그 안에서 현재 우리가 처한 상황을 제대로 판단해서 중심을 잡을 수 있다. 무엇보다 스스로 여유를 가지면 상대방에게도 전달되어 오히려 그쪽에서 안달 낼 확률이 높다. 계약을 체결하려면 자신이 적극적으로 움직여야 한다는 동기 부여가 되기 때문이다.

다음으로는, 위에서 언급한 것처럼 기다린다는 것이
상대방에 대한 존중이자 신뢰의 의미이기 때문이다.

'일단 멈춤'하고 기다려준다는 것은 상대방의 판단을 인정하고 상대방의 이해심을 믿는다는 뜻이다. 물론 서로 갈등이 더 증폭되기 전에 대화를 통해 해결하는 것도 중요하지만, 그냥 눈감아주고 넘어갈 수도 있는 일에 대해서도 하나씩 들먹이며 상대방의 입장 표명을 요구하거나, 혹은 내가 잘못한 사소한 일에 대해 계속 사과를 하며 납작 엎드린다면 받는 사람 입장에서는 왠지 빈정 상하는 일이 될 수 있다. '나를 그 정도로 밖에 안 보는 건가, 나를 믿지 못하는 건가' 싶어 사과를 하는 것, 또는 받는 것 모두 영 찜찜하다. 따라서 갈등이 발생했을 때는 일단 상대방의 판단이나 포용력을 믿고 감정이 소강상태에 이를 때까지 잠시 기다릴 줄 아는 것도 현명한 태도다. 그럼에도 여전히 평행선이라거나 상대방이 화가 난 것 같다면 그때 진솔한 대화를 시도하는 등 적극적인 액션을 취해도 늦지 않다.

마지막으로, 긴장이 과열되어 폭발하는 상황을
미연에 방지하기 위해서다.

팽팽한 교착 상태일수록 각자의 자리에서 '힘 빼는 시간'이 필요하다. 감정이 극에 달했을 때는 투우장의 소와 다를 바 없어진다. 들이받기 위해 들이받는 경우가 생긴다. 하지만 서로 거리를 두고 각자의 자리에서 콧김을 빼고 다시 만나게 되면 사태를 바라보는 객관적인 시각과 여유가 회복된 상태이기에 협의가 재개될 가능성이 높아진다.

이렇듯 협상이 교착 상태에 빠졌을 때는 스스로 여유를 찾기 위해, 그것을 상대방에게 전달하기 위해, 또한 상대방을 존중하기 위해, 그리고 갈등이 과열됨을 방지하기 위해 일단 멈춤을 하는 것이 필요하다.

'기다림의 중요성'에 대한 책 속의 한 구절을 소개하고 싶다.《그리스인 조르바》에 나오는 내용이다.

방송국에서 드라마 파는 여자

나비가 부화하기 위해 번데기에다 구멍을 뚫고 나올 채비를 하고 있다. 그것을 지켜보던 사람이 마음이 조급해진 나머지 나비를 돕기 위해 입김을 불어 데워준다. 덕분에 나비는 원래보다 빨리 번데기에서 탈피하여 세상 밖으로 나올 수 있게 된다. 하지만 그것도 잠시, 날개가 도로 접히면서 쪼그라드는 바람에 결국 죽고 만다.

나비 스스로의 속도를 인정하고 존중하지 않은 데서 온 크나큰 실책이었다. 번데기에서 나오는 과정은 참을성 있게 이루어져야 했고, 날개를 펴는 과정은 햇빛을 받으며 서서히 진행되어야 했다. 하지만 그것을 기다려주지 못한 인간의 욕심 때문에 결국 나비가 죽고만 것이다.

협상은 타이밍이다.
타이밍에는 '기다림'의 시간도 포함된다.
기다림이란 소극적이거나 물러서는 행위가 아닌,
'2보 전진을 위한 1보 후퇴'라는 사실을 기억하자.

26
Honesty is the Best Policy

　일상생활에서 나는 상대방과 오해가 생겨도 적극적으로 푸는 타입이 아니다. 또한 나에 대한 오해가 생겨도 굳이 나서서 변명하거나 해명하려 들지 않는다. '나만 떳떳하면 그만이지'하며 넘기는 편이다.

　하지만 때로는 이것이 상대방을 존중하는 방식이 아닐 수 있거나, 더 큰 오해를 불러올 수도 있는 방식이라는 사실을 깨닫게 되었다. 때로는 '말'로써 제대로 전달하는 일 또한 너무도 중요하다는 사실을 여러 경험을 통해 알게 된 것이다. '마음을 담은 진솔한 말'이야말로 상대의 마음에 가닿을 수 있는 지름길이라는 사실을.

　오래전 일이다. 당시 네이트온이 국민 메신저로 활약하던 시절이었다. 그때 내게는 '네이트온남'이 있었다. 나는 별로 마음에도 없는데 하도 네이트온으로 작업(?)을 해오는 바람에 붙여둔 별명이었다.

그날도 사무실에서 근무를 하고 있었다. 그러던 중 국장님께서 밖에 나갔다가 들어오시면서 "요즘 바쁜 것 같은데 고생이 많다"며 격려의 말을 건네주셨다. 노고를 알아주시는 국장님 덕분에 마음이 따뜻해지고 감사한 마음이 들었다. 그러곤 국장님은 자리를 뜨셨고 동시에 네이트온님이 말을 걸어왔다. 순간 짜증이 나서 혼잣말을 내뱉었다. "아, 말 좀 걸지 말지!" 말이 채 끝나기도 전에 뒷골이 싸늘하다. 0.1초 만에 모든 상황이 끼워 맞춰지면서 아찔해진다. 아니나 다를까 고개를 돌려 국장실 쪽을 바라보니 국장님께서 방에 들어가시다 말고 당황스런 눈빛으로 나를 바라보고 계시는 게 아닌가. 타이밍의 농간이다. 나는 아무런 변명도 할 수 없었다. 타이밍이 너무나 절묘해서 무슨 말을 한다 해도 변명처럼 들릴 것 같아서였다. 하지만 그래도 말씀드리는 게 낫지 않았을까? 지금 그 국장님은 퇴직하고 더 이상 회사에 없으시다. 나는 해명할 기회를 놓치고 10년도 넘게 이 일을 마음속에 담아두며 죄송한 마음뿐이다.

협상을 할 때도 마찬가지다. 상대방과 오해가 생겨서 협상이 교착 상태에 빠졌을 때 '정직'이 최상의 방책이 될 수 있다. 솔직하게 서로의 마음과 상황을 공유하고, 실수가 있었다면 인정하고 사과해야 한다.

전 세계적으로 많이 팔린 한 유명 예능 콘텐츠가 있다. 이 거대한 물결은 몇 년 전 태국 W사에서 우리 콘텐츠의 포맷을 사간 뒤 제작하여 방영했던 것이 신호탄이 되었다. 그 후 미국, 유럽, 아시아 전역으로 뻗어나가 지금은 전 세계를 휩쓸고 있다.

W사와 그 콘텐츠의 포맷 계약에 대한 협상을 할 때였다. W사의 구매 담당자는 말수가 매우 적은 샤이가이(shy guy)였다. 미팅을 할 때도 거의 내 말을 듣기만 했다. 마음속 깊이를 가늠할 수 없는 부류의 사람이었다. 하지만 이전 계약에서 알 수 있었듯 일단 '구매해야지'라고 마음먹으면 전광석화처럼 빠른 결정을 내리는 결단력 있는 사나이기도 했다.

분명 이 콘텐츠는 한국에서 인기도 많고 중국, 캄보디아에도 이미 수출이 된 터라 한류 시장에서의 인기 또한 검증이 된 상태였다. 꼭 W사가 아니더라도 태국 내 다른 업체를 모색할 수도 있었기에 '벼랑 끝 전술'이나 '도어 인 더 페이스' 전략도 가능한 상황이었다.

하지만 나는 W사가 꼭 이 콘텐츠의 포맷을 사주길 바랐다. 무엇보다 W사의 제작 능력을 믿었기 때문이다. 하지만 얘기하다 보니 가격 등 조건에서 나와 다른 생각을 하고 있다는 것이 느껴졌다.

이런 사람에 대해 알고 있다. 말수가 적고 밀당에 능하지는 않지만 똑똑하고 성실하며 책임감 있는 '진국' 부류다. '진국'인 사람은 '진국'으로 대해야 하는 법. 눈에는 눈, 이에는 이, 진국에는 진국이다! 나는 그에게 직접적이고 솔직하게 다가가는 방식을 택했다. 협상에 있어서 '밀당'의 요소를 모두 걷어낸 것이다. 내가 원하는 조건을 바로 이야기하고 그가 원하는 조건에 대해서도 마음을 열고 받아들였다(이런

방송국에서 드라마 파는 여자

사람은 자신이 원하는 조건을 말할 때도 크게 뻥튀기 하지 않는 편이다). 그리고 그의 의견을 최대한 존중하며 조건을 조율하기 시작했다. 모든 커뮤니케이션에는 '진정성'을 더욱 첨가했다. 이렇게 정공법으로 다가가자 역시나 그가 마음을 열기 시작했다. 역시 한 번 마음이 열리면 불도저 같은 반전 매력을 뿜내는 사이이다.

그리고 다음 해 10월 6일 드디어 태국 버전의 콘텐츠가 첫 전파를 타기 시작한다. 첫 방송부터 그야말로 대박이었다. 이러한 태국에서의 인기에 힘입어 주변 국가인 베트남, 미얀마, 인도네시아, 필리핀까지 연이어 계약이 체결되고, 나아가 추후에는 미국, 영국, 프랑스, 이탈리아, 호주, 인도 등으로 까지 전파되어 지구상 수많은 국가에서 그 콘텐츠의 포맷이 제작 및 방영될 수 있었다(물론 포맷 자체가 매우 훌륭해서 한 마디로 '콘텐츠가 다 했다').

이렇게 협상이 교착 상태에 빠져 서로 평행선만 그으며 도무지 해결 기미가 보이지 않는다면, 상대방과 솔직한 대화를 시도해보라. 다른 어떤 방법들보다도 빠른 시간 안에 갈등을 해결할 수 있는 열쇠라는 사실을 깨닫게 될 것이다. 만약 내가 속마음을 숨기고 상대방의 구만 리 같은 마음속을 가늠해보며 기 싸움만 벌였더라면 이 포맷은 W사 만큼의 제작 능력을 갖추지 못한 다른 업체에 판매되었을지도 모른다.

'이심전심' 혹은 '눈빛만 보면 안다'라는 말은 참으로 낭만적이고 아름답다. 말이라는 것은 왠지 너무 직접적이고 구차하다는 생각이 들 때가 있다. 하지만 말하지 않으면 모르는 경우가 의외로 많다. 특히 오해나 갈등 상황에서는 더욱 그렇다. 갈등이 생겼을 때 솔직한 대화만큼 통하는 것은 없다.

지금 머릿속에 떠오르는 사람이 있는가? 도무지 해결 기미가 보이지 않아 서로 평행선만 긋고 있는 사람이 있는가? 그 사람만 생각하면 고구마를 백 개는 먹은 것처럼 속이 답답해지는가?

속는 셈 치고 솔직한 대화를 한번 시도해보라.
상대방도 당신이 먼저 문 두드려주기를
애타게 기다리고 있을지 모른다.

방송국에서 드라마 파는 여자

27

빠져나갈 구멍을 만들라

협상을 잘하기 위한 방법 중 하나는 바로 빠져나갈 '구멍'을 만들어두는 데 있다. 여기서 구멍이란, 언제든 나의 주장이나 입장을 번복하고 후퇴할 수 있는 공간을 의미한다.

구멍을 만드는 가장 좋은 방법 중 하나는 역할 설정이다. 우리 쪽을 '선한 역'과 '악역'으로 구분하는 것이다. 그렇게 역할을 나누어 상대방과 협상을 진행하도록 한다.

이때, 선한 역은 실제 협상을 담당하는 '실무자'가 맡는 것이 좋다. 악역은 상사, 즉 관리자의 몫이다. 여기서 '악역'이라고 해서 비열하거나 못된 악당을 떠올려서는 곤란하다. 협상에서 악역이란 '의사 결정 권자'를 의미한다. 상대방 입장에서 보면 '두려운 존재'이기 때문이다.

물론 실제로는 협상을 할 때 '실무자'의 권한이 큰 편이다. 실무자가 협상안을 짜고 실제 협상 테이블에 앉으며 의사결정권을 가지고 있는 경우도 많다. 관리자는 최종안에 대한 가부만을 결정한다. 하지만 협상 상대방 앞에서는 관리자의 권한을 훨씬 높여서 실무자인 나는 권한을 위임받아 대리하는 '아바타' 정도로만 비춰지게 한다.

예를 들면 이런 식이다.

> 구매자 : 회당 10,000불은 너무 비싸네요. 어떻게 좀 잘 안 될까요? 차장님이라면 권한도 있으시잖아요.
>
> 나 : 저도 그러고 싶네요. 하지만 결정은 아시다시피 저희 부장님이 하셔서요. 저도 라인(부장-국장-본부장 등 회사 직위 계층) 보고를 하려면 먼저 부장님을 설득시켜야 하는데 이 논리로는 조금 어려울 것 같아요. 유관 부서들의 동의도 얻어야 하는 상황이구요. 저도 이 거래를 하고 싶은데 상황이 이렇다 보니 어쩔 수가 없네요. 아무래도 지금으로선 10,000불이 아니면 힘들 것 같습니다. 그렇게 검토 부탁드립니다.

이 정도로만 하고 뒤로 물러난다. 그러면 상대방이 다시 연락을 해올 것이다. 샌드위치처럼 끼인 나의 상황을 어여삐 여겨 조건을 수락하든지, 아니면 계약 불가를 통보하든지 둘 중 하나로 말이다.

여기서 상대방이 조건을 수락한다면 협상이 의도대로 잘 진행되고 있는 것이니 문제없다. 하지만 "저희도 검토해봤는데 아무래도 이 계약은 진행할 수 없을 것 같습니다. 죄송합니다"라고 발을 빼려고

　　　　　　　　방송국에서 드라마 파는 여자

한다면 이때 필요한 것이 바로 '구멍'이다. 상대방에게 실컷 큰소리 뻥뻥 쳐놓았는데 슬그머니 꼬리 내리는 것이 모양 빠지기도 하지만 갑자기 태도를 돌변한다면 내 말에 신빙성이 떨어질 수밖에 없기 때문이다.

하지만 빠져나갈 구멍을 미리 마련해두었다면 상황은 달라진다. 이를 위해 우리는 악역을 설정해둔 바 있다. 상대방에게 이런 식으로 접근하는 것이 가능해진다.

> 나 : 아, 저희로서는 10,000불이 최선이었는데 아쉽네요. 어쩔 수 없죠. A사랑 꼭 거래하고 싶었는데…….
>
> 구매자 : 네. 저희도 예산이 한정되어 있는 터라…….
>
> 나 : 네…… 예산 때문에 도저히 안 되시나 보네요. 그런 거라면 저도 다시 한 번 부장님께 말씀 드려볼게요. 그동안 좋은 파트너십을 쌓아 왔는데 이대로 접기는 너무 아쉬워서요. 잘될지 모르겠지만 그래도 다시 한 번 요청 드려보겠습니다. 구매자님도 다시 한 번 내부적으로 설득시켜주시길 부탁드릴게요.
>
> 구매자 : 네, 알겠습니다.

그리고는 바로 연락하지 않고 기다린다. 만약 기다리다 못한 상대방이 먼저 연락해온다면 이쪽도 우리를 떠보는 중이었을 수 있다. 즉,

10,000불도 수락 가능성이 있는 것이다. 이 때는 다시 한 번 10,000불을 주장하고 안 되면 다시 구멍 속으로 들어가 금액을 조금씩 에누리시켜주는 방식으로 점진적으로 접근하면 된다.

하지만 상대방 쪽에서 아무런 연락도 없고 그럴 낌새도 보이지 않는다면 10,000불이 상대방에게는 정말 무리였을 가능성이 높다. 이 때는 가격을 다소 하락시키는 방식으로 협의를 이끌어내야 한다. 부장님을 다시 한 번 설득시켜본 결과 가격을 깎아주는 것으로 전향적인 검토를 했다고 전하는 것이다. 즉, 실제 협상을 담당하는 실무자는 끝까지 '선한 역'을 맡도록 한다. 의사 결정을 쥐고 있는 악역의 영광(?)은 저 높은 분에게 돌리면서 말이다.

사실 이것이 '굿 캅 배드 캅(Good Cop Bad Cop)' 이라는 용어로 이미 알려진 전략이라는 사실을 뒤늦게 알았다. 거래 시에 금액을 제시하면 상대방이 대답 대신 "보스(boss)에게 물어보고 알려주겠다"는 말을 한 적이 많아 따라해 보았는데 이것이 실용적으로 많이 사용되는 전략이었다니!

또 다른 예시를 들어보겠다. 우리는 S사와 판매 협상 중이다. 조건 중 RS(수익배분율, Revenue Share)를 우리에게 유리한 방식으로 합의를 이끌어내고 싶다.

위의 내용을 담은 메일을 보내려고 할 때는 이런 식으로 마무리하도록 한다.

방송국에서 드라마 파는 여자

"RS 조정이 불가하다면 저희로서는 이 사업에 동참할 수 없을 것 같습니다. 아무쪼록 합의에 이르러 귀사와 파트너가 되어 사업을 함께 진행할 수 있으면 좋겠습니다. 그럼 문의사항이나 의견 있으시면 언제든지 편하게 연락주세요. 감사합니다."

이 메일은 세 가지 의도를 담고 있다. 먼저 우리가 제시한 조건을 받아들이지 않으면 이 거래를 하지 않겠다는 '단호함'이 엿보인다. 하지만 이로 인해 막다른 골목에 몰리지 않도록 2가지 구멍 장치를 함께 마련해둔다. 상대방과 파트너십을 유지하고 싶다는 '여지', 그리고 (뭔가 협의가 더 필요하다면 아직은 열려있다는) '유연함'이다.

이렇듯 협상을 할 때는 반드시 빠져나갈 구멍을 마련해두어야 우리에 대한 상대방의 신뢰를 훼손시키지 않고 자유자재로 협의를 진행하는 것이 가능해진다.

전자레인지에 햇반을 돌려본 적 있는가? 그러기 위해서는 먼저 뚜껑을 살짝 뜯어내 공간을 마련해주어야 한다. 그렇지 않고서 단단히 밀봉된 채로 돌려버리면 과열되다가 결국 뺑 터져버리고 말 것이다.

협상에서도 '구멍'이 반드시 필요하다.
이는 서로의 입장이 팽팽하게 과열된 상황에서
햇반의 공기구멍과도 같은 역할을 톡톡히 해줄 수 있을 것이다.

28
미안함을 심어주어라

예전에 한 남자 선배가 이런 말을 한 적 있다. "우리 와이프가 나랑 결혼하기 전에 타워팰리스에 사는 어떤 남자가 쫓아다녔대. 그 말들으니 더 잘해줘야겠다는 생각이 들더라고." 와이프가 타워팰리스에서 호강하며 살 수도 있었는데 자신을 만나 고생하고 있다는 생각에 미안한 마음이 들었던 모양이다. 원래도 애처가이던 선배가 공처가로 업그레이드된 계기다.

남녀 사이에서는 '미안함'이 적극적인 관계 유지를 위한 원동력이 될 수 있다. 상대방에 비해 자신이 부족하다고 느낄 때 미안함을 상쇄하고자 먼저 다가가고 맞춰주는 적극성이 발휘되는 것이다. 물론 남녀가 사랑에 빠질 때는 첫눈에 반하는 맹목성이나, 상대의 부족함을 채워주고 싶은 모성애나 부성애적인 요소 또한 부정할 수 없다. 하지만 '미안함' 역시 연애와 결혼, 나아가 인간관계에서 작용하는 하

방송국에서 드라마 파는 여자

나의 감정 법칙임에는 분명하다.

협상에서도 마찬가지다. 상대방에게 미안함을 심어주어라. 상대방은 그것을 갚으려고 할 것이다.

E사와 재계약 협상을 담당할 때였다. E사는 우리 콘텐츠를 구매해서 서비스하는 플랫폼 업체다. 플랫폼과 거래할 때는 콘텐츠 비용을 산정해서 정액 방식으로 지급받거나 플랫폼에서 발생한 수익을 일정 비율로 나눠 갖는 정률 방식으로 진행한다. E사와의 계약은 정률 방식이었다.

계약 만료를 2달 여 앞둔 시점에서 재계약 협상을 시작했다. 우리 쪽 목표는 기존 계약 조건 그대로 연장하는 것이었다. 현재 조건에 그다지 불만족스러운 요소가 없었기 때문이다. 하지만 E사의 생각은 달랐다. 재계약 논의 훨씬 이전부터 기존 계약에 대한 보충 협의를 지속적으로 요청했다.

아니나 다를까, 협상이 시작되자 똑같은 요구가 반복되었다. '수익 배분율 조정' 등 세 가지 조건이었다. 하지만 이는 단순히 기존 조건에 곁들여지는 수준이 아니라 계약의 근간을 뒤흔드는 것이었다. 우리로서는 충분한 반대급부가 있지 않은 이상 재고해볼 여지가 없었다.

그러나 상대측 요구가 재계약 협상의 출발점이 된 상황에서 무턱대고 'No!'를 외친다면 E사의 감정만 상할 것이 분명했다. 또한 수개월 전부터 요청해왔기에 이번마저 거부한다면 상대가 '계약 종료'

라는 초강수를 둔다 해도 큰 무리는 아닐 터였다. 그만큼 E사는 자사 플랫폼에서 우리 매출이 큰 비중을 차지하고 있지 않은 말 그대로 '갑'의 위치였고, 우리는 E사와의 계약을 포기할 수 없는 '을'이었다.

따라서 그들의 요청을 들어주지 못하는 나로서는 부채 의식을 가질 수밖에 없었다. 하지만 이대로 끌려갈 수는 없는 노릇이다. 우리 입장에서는 E사의 요구가 무리라고 느껴졌기 때문이다.

그래서 생각해낸 방법이 그들에게도 미안함을 심어주는 것이었다. 서로의 요구 조건을 들어주지 못해 양쪽 다 미안해진 상황에서는 기존 계약을 그대로 유지하는 것이 택할 수 있는 가장 안전하고 무난한 방법일 테니 말이다.

내가 그랬던 것처럼 그들에게 흠칫 놀랄 만한 조건을 제시했다. 소위 명작 콘텐츠에 대해 정액 방식으로 추가 금액을 지불해달라고 요청한 것이다. 당시 우리 회사는 '콘텐츠 제값받기'라는 명명하에 명작 콘텐츠에 대해서는 고가 전략을 사용하기 시작한 시점이었다. 따라서 이러한 배경 상황을 협상에 활용했다. 물론 E사와는 지금껏 정률 방식으로 계약을 해왔고 E사가 정액 방식으로 추가 금액을 지불할리도 만무한, 가능성 0%에 수렴한다는 사실을 잘 알고 있었지만 말이다. 하지만 우리도 상대방이 거부할 수밖에 없는 조건을 제시해서 그들에게 똑같이 미안함을 심어주어야 했다.

이것으로 끝이 아니다. 우리 콘텐츠 매출이 E사 플랫폼에서 지속적으로 하락하고 있다는 사실을 지적하며 '미안함' 한 스푼을 더 넣

방송국에서 드라마 파는 여자

어주었다. 매출을 상승시킬 수 있는 방안에 대해서도 함께 제시해달라는 요청을 덧붙였다. 계속해서 매출이 떨어진다면 우리로서도 더 이상 E사 플랫폼에 콘텐츠를 공급할 수 없다는 은근한 압박이었다.

이것으로 비로소 관계가 동등해졌다. E사의 요구를 우리는 들어줄 수 없고, 우리의 요구를 E사는 들어줄 수 없다. 그렇다면 더 이상 마찰이 생기지 않도록 기존 조건 그대로 연장하는 수밖에.

결국 각자 요구했던 조건을 내려놓고 기간만 연장하는 것으로 합의를 끝마칠 수 있었다. 하나 더! 자사 플랫폼에서 우리 콘텐츠 매출이 하락하는 것에 대한 부채의식을 느낀 E사가 최초로 마케팅 비용까지 지원해주기로 한 것이다. 목표대로 협상을 완료하였을 뿐만 아니라 예상치 못한 호의까지 얻어낸 '꿩 먹고 알 먹기' 계약이었다. 이로써 전체 매출 파이가 커질 수 있기에 결과적으로 양사 모두에게 이익이 되는 윈윈 협상이었다.

사람의 선한 본성 가운데 하나는
바로 미안함을 갚으려 한다는 점이다.
단, 아무 근거 없이 무턱대고 상대방에게 부채의식을
심어주는 것은 '가스라이팅'일 뿐이니 지양하도록 하자.

29

단호할 때는 단호하라

M이라는 이름의 구매자가 있었다. 그녀는 매년 우리 회사에서 그 나라 매출 1, 2위를 기록하는 대규모 배급사에서 일하고 있었다. 그리고 그 배급사는 M의 아버지가 운영하는 회사였다. 한마디로 그녀는 금수저였다.

우리에게 VIP였기에 그녀를 대하는 태도는 언제나 진심이었다. 마켓이 열리면 첫날 첫 미팅은 항상 M을 위해 비워두었다. 첫날 점심이나 저녁 또한 그녀를 위한 시간이었다. 얄밉게도 그녀는 자신의 위치에 대해 너무도 잘 알고 있었다.

M은 참으로 상대하기 어려운 사람이었다. 한국의 판매 담당자들이 모두 혀를 내두를 정도로 그녀와 일하는 것을 힘들어했다. 갑질을 넘어선 '제왕적 위치'에 그녀가 서 있었기 때문이다.

오래전 회사에서 '구매자 초청 행사'를 개최한 적 있다. 주요 구매처 담당자들을 초청하여 이틀 동안 관광 등을 하며 다 같이 친목을 다지는 자리였다.

행사에 대한 안내 자료를 포함한 초대장을 대상자들에게 발송하자 초대해주어서 고맙다는 답변들이 전 세계로부터 속속들이 도착하기 시작했다.

역시나 M에게서도 메일이 왔다. 나는 'M이 얼마나 기뻐할까?' 눈을 반짝이며 메일을 클릭했다. 그런데 아닌 밤중에 홍두깨도 유분수지, 메일 곳곳에 붉은 색 글자들이 여기저기 포진해있는 것이다(M은 화가 나면 붉은색 대문자를 사용해서 불만을 표시하는 버릇이 있다).

가슴이 콩닥거리며 '이건 또 무슨 시츄에이션?' 하는 생각으로 본문을 읽어 내려가는데 알고 보니 비행기 좌석이 문제였다. 요약하자면 이런 것이다.

"아니, 그동안 너희 회사 매출에 기여한 바가 얼마나 큰데 고작 이 코노미석을 제공하다니! 무엄하도다! 네 죄를 네가 알렸다!"

비즈니스석을 제공하지 않는 것은 자신이 지닌 위엄(실제로 'dignity'라는 단어를 사용함)에 어긋나는, 절대로 해서는 안 될 예의 없는 행동이라는 것이다. '아니, 상식과 예의에 어긋나고 있는 사람이 대체 누군데' 하는 볼멘소리가 절로 나왔지만 M은 우리 고객이었고 VIP였다. 주문을 외듯 억지로 영혼을 담아 '회사 정책이니 양해를 부탁한다'는 요지의 글을 구구절절 작성해 보낸 후에야 사태는 겨우 일단락되었다.

이것은 하나의 예시에 불과했다. 다른 방송사 판매 담당자들 또한 M 때문에 멘탈이 바스러진 까닭에 우리는 한데 모여 술을 마시며 전의를 다지기도 했다. 하지만 뾰족한 수가 있을까. 그녀는 우리의 매출을 쥐락펴락하는 절대 반지의 소유자이시니 말이다.

한번은 한국에서 열리는 국제 콘텐츠 마켓인 BCM(부산 콘텐츠 마켓)에서 M을 초대하지 않기로 결단을 내린 적도 있었다. 초대 과정에서 M이 또 무슨 일로 심기가 불편했던지 조직위원회 담당자한테 고래고래 소리를 질렀다고 한다. 결국 M이 VIP였음에도 그 해는 초대하지 않기로 결정했다고 한다.

이런 상황이 계속 되자 'M 공포증'이 생길 지경이었다. 메일이 오면 '또 무슨 일로 꼬투리를 잡으려는 걸까' 두려워서 열기를 주저했다. 피할 수만 있다면 피하고 싶은 상대였다. 하지만 M을 포기한다는 것은 매출을 포기한다는 말과 다름없었다. 나는 사면초가에 둘러싸인 심정이었다.

고민 끝에 전략을 바꾸기로 결심했다. 그녀를 이해하고 맞춰줄수록 악행이 더욱 심해진다는 것을 깨달았기 때문이다.

그녀가 붉은색 이메일을 보내오면 조곤조곤 그에 맞서 반박했다. 이전 메일을 다 뒤져서라도 모든 근거를 찾아내어 더 이상 항의할 수 없게 만들었다.

말도 안 되는 트집을 잡으면 메일을 바로 휴지통으로 골인시켜버렸다. 답변이 없는 것에 분노한 그녀가 전화통에 불이 나도록 연락해

오면 강 건너 불구경하듯 사뿐히 '종료' 버튼을 누르고 내 할 일에만 집중했다.

M과의 식사 자리에는 혼자 나갔다. 보통 주요 구매처와의 식사 때는 '급'을 맞추느라 부장님 또는 국장님과 동행하는 경우가 종종 있었지만 일부러 혼자 나갔다. 그녀가 우리에게 더 이상 중요한 사람이 아니라는 인식을 심어주기 위해서였다.

결정적으로 그녀에게 콘텐츠를 팔지 않았다. M의 회사가 선호할 만한 콘텐츠는 다른 업체에게 먼저 판매해버렸다. 기다리다 못한 그녀가 문의해오면 "어? 그거 벌써 팔렸는데? 쏴리!!" 하며 쿨내를 풀풀 풍겼다.

다소 유치하지만 이런 식으로라도 나를 힘들게 하면 자신도 힘들어진다는 것을 깨닫게 만들었다.

상황이 계속되자 그녀가 점차 변하기 시작했다. 메일에 답신하지 않으면 메신저로 '하트' 이모티콘을 날리며 자꾸만 애교를 부리고, 기념품만 한 아름 챙겨가던 욕심쟁이 그녀가 기념품을 내밀기 시작했다. 미팅을 하면 어찌나 말을 잘 경청하고 고개를 끄덕이며 미소를 지어대는지 마음이 다 녹아내릴 지경이었다. 메일에 붉은 글씨가 사라진 것은 당연한 수순이었다.

그녀의 180도 달라진 모습에 동료들은 깜짝 놀라며 그녀에게 새로운 별명을 지어 주었다. 바로 '미소천사 M'.

한번은 미소천사와 미팅을 하고 돌아서는데 부장님이 신기해하며 물으셨다. "아니, 여왕님을 어떻게 구워삶은 거야? 그 비결이 뭐야?"

비결은 하나, '팃포탯(Tit for Tat, 눈에는 눈 이에는 이)'이다. 호의를 모르는 자는 피하거나, 피할 수 없다면 일단 참고 기다려주고, 심해진다면 되돌려준다는 게 내 원칙이었다.

사람을 사랑으로만 대할 수 있다면 얼마나 좋을까? 호의에 대해 진심으로 고마워하고 서로 배려하며 다툼과 편 가르기가 없는 곳…… 그곳은 천국뿐일 것이다.

우리가 살고 있는 이 세상에서는 선의가 반드시 통하기만 하는 것은 아니다. 사람들은 호의가 계속되면 종종 그것이 권리인 줄 안다. 안타까운 나머지 손을 내밀어 주었을 뿐인데 상대방은 한껏 오만해진다. '그럴 수도 있지' 하며 이해해주고 내 탓으로 돌리면 정말 내 잘못인 양 의기양양하며 가스라이팅까지 하려 든다. 기쁨을 나누면 질투가 되고 슬픔을 나누면 약점이 되기도 한다.

물론 선한 본성을 믿고 그것에 의지하는 것은 당연하고 또 그렇게 해야 한다. 하지만 상대가 악용할 때는 단호하게 대처할 줄도 알아야 한다. 그렇지 않으면 이 험난한 세상에서 앞으로 깨지고 뒤로 깨지고 뒤로 넘어져도 코가 깨지면서 결국 사회의 한 구성원으로서의 온전한 몫을 다하지 못할 수도 있다. 사회생활에서 순진함은 죄가 될 때가 있다.

어쩌면 우리는 타인을 사랑하는 것에 더 익숙할지 모른다. 그것이 우리의 선한 본성이기 때문이다. 그래서 자신에게 상처 주는 사람마저 사랑하지 못하는 것에 대해 죄책감을 느끼기도 한다. 하지만 때로 우리에게 필요한 것은 '뒤돌아 설 수 있는 용기'다.

장기적인 관계를 위해서도 적절한 단호함이 필요하다는 것을 기억하자. 일방적인 것은 지치기 마련이고 지치기 시작하면 관계는 끝이다. 단호할 때는 단호해야 한다.

30
마지노선을 정하라

가방끈도 길고 키도 훤칠한 교회 오빠 같은 남자가 있다. 이보다 완벽할 수 있을까? 하지만 나는 '썸 타는 협상'에는 영 소질이 없다. 마음에 안 드는 사람은 마음에 안 든다고 철벽을 치고 마음에 드는 사람은 잘 안 될까봐 방어벽을 친다. 강아지처럼 먼저 다가가 보다가도 이상하게 말이 헛나가며 고양이처럼 밀어내자 그에게서는 연락이 뚝 끊겼다. 그새 다른 사람이 생겼거나 '그는 당신에게 반하지 않았다'였거나. 마음만 보글보글 끓이다 놓쳐버린 사람들이 파노라마처럼 스쳐간다. 이번에는 쟁취해내리라!

크리스마스를 이틀 앞둔 12월 23일 저녁, 맥락도 없이 갑작스레 그에게 메시지를 보냈다. "우리 서로 마음 있는 것 같은데 잘 만나볼래? 25일까지 답변 없으면 아닌 걸로 알게." 완전 이불킥 감이다. 그리고 이불킥은 차는 순간 감이 온다. 역시나 24일 오전까지 답변도

없고 읽지도 않은 터라 나는 시작조차 하지 않은 이별을 먼저 고하고
야 말았다. "잘 살아랏! 빠이(bye)!" 25일까지 기다려주지 않고 상대방
을 먼저 차버렸다는 정신 승리까지 하면서 말이다.

비록 마지노선의 실패 사례이기는 하나, 여기서 알 수 있는 것이
바로 '마지노선'이다. 그리고 협상 전략을 세울 때 반드시 해야 할 일
중 하나는 마지노선을 정하는 것이다. 마지노선이란, 더 이상 양보할
수 없는 '최후 방어선'을 의미한다. 가격을 예로 들면 '회당 10,000불
미만일 경우 계약 불가', 기한으로 따지면 '3월 말까지 합의가 안 될
경우 협상 결렬'이라는 식이다.

이는 최소한의 목표를 설정해둠으로써 스스로 중심을 잡기 위함
이기도 하지만, 협상이 교착 상태에 빠졌을 때 해결 기준으로 삼을
수 있기 때문에 유용하다. 이도저도 못하는 상황에 빠졌을 때 상대에
게 조건이나 기한 등을 통보함으로써 협상이 재개될 수 있도록 하거
나, 상대방이 받아들이지 않을 경우 협상을 종료하는 것이다.

이를 통해 장기간 교착 상태에 빠져 시간 낭비하는 것을 막을 수
있고, 다른 업체와의 거래 등 대안을 놓치는 것에 대한 기회비용을
줄일 수 있다.

계약 조건의 마지노선을 알리기 위한 방법으로는 크게 두 가지가
있다.

우리가 제시하는 조건에 대하여 'Yes or No'로 답변을 유도하거나,

상대방에게 여러 가지 선택지를 준 다음 고르게 하는 방법이다. 협상이 교착 상태에 빠지는 이유 중 하나가 조건을 어디서부터 어떻게 조율할지 몰라 그냥 손 놓고 있는 경우가 있기 때문이다. 어떻게 간극을 좁혀야 할지 서로 탐색하느라 일명 '간 보기' 기간이 길어지는 경우다. 이럴 때는 상대방에게 선택지를 제공하여 물꼬를 트는 것이 좋다.

① 옵션 A : 가격 회당 $20,000, 계약 기간 3년, 권리는 지상파, Pay TV, 비독점 인터넷/모바일, 입금 스케줄 1개월 내 30% 2개월 내 30% 물품 발송 전 40%

② 옵션 B : 가격 회당 $15,000, 계약 기간 3년, 권리는 지상파, Pay TV, 입금 스케줄 계약 체결 후 계약 체결 1개월 내 50% 물품 발송 전 50%

③ 옵션 C : 가격 회당 $10,000, 계약 기간 2년, 권리는 지상파, Pay TV, 입금 스케줄 계약 체결 직후 100%

이런 식으로 선택지가 주어진다면 상대방은 입장을 정하기 훨씬 수월해진다. 우리 쪽에서도 세 가지 옵션 모두에 마지노선이 반영된 상태기에 상대방이 어떤 선택을 하든 무방하다. 상대방이 이를 토대로 새로운 옵션을 제시해올 수도 있는데 기준선을 이미 마련해주었기에 거기서 크게 벗어나는 수준은 아닐 것이다. 이 때부터는 서로의 간극을 좁히는 것이 훨씬 용이해진다.

방송국에서 드라마 파는 여자

협상이 교착 상태에 빠져서 이도 저도 못하는 상황에 처했는가? 그렇다면 상대방에게 마지노선을 제공하라. 기한이든, 옵션이든 상관 없다. 이를 통해 어떠한 결과라도 나오면 된다. 긍정이든 부정이든 '결과'가 있어야만 우리가 앞으로 나아가는 것이 가능해진다.

지금까지 협상이 교착상태에 빠졌을 때 해결 방법 7가지에 대해 알아보았다. 이것으로 할 일은 거의 다 끝났다. 모든 조건에 대한 협의가 완료되었고 최종 확정과 계약 체결만 남은 상태다.

하지만 All's Well That Ends Well! 셰익스피어의 멋진 희곡 제목 처럼 모든 일은 끝마무리가 중요하다. 다음은 협상을 마무리하는 방 법이다.

PART 5

협상을 마무리하는 자세

31

승리감을 심어주어라

이제 조건에 대한 최종 확정만 남은 상태다. 긴장이 스르르 풀리면서 샴페인을 터뜨리고 팡파르를 울리고 싶어진다. 협상을 무사히 잘 끝냈다는 생각이 들어 승리감에 도취된 나머지 상대방 앞에서도 이를 뽐내고 싶어진다. "어때? 나 잘했지?"

하지만 끝날 때까지 끝난 것이 아니다. 용을 다 그려놓은 뒤 마지막에 눈동자를 찍지 않으면 아무 그림도 되지 않듯이 화룡점정 한다는 마음으로 끝까지 긴장을 늦추지 말아야 한다.

나는 수년 째 필라테스를 배우고 있다. 필라테스 중에는 '브리지'라는 동작이 있다. 매트 위에 무릎을 세우고 반듯하게 누워 골반부터 가슴까지 관절을 분절하며 차례로 몸을 들어 올리는 방식이다. 온 신경을 관절 마디 하나하나에 집중하며 차근차근 쌓아올리는 것이 중요한데 그렇게 해서 마지막에 몸을 솟구치듯 한껏 위로 끌어올리고 나면 성공이다. 하지만 이것으로 끝이 아니다. 하나씩 쌓아 올렸던 것들을 반대로 가슴부터 골반까지 차근차근 매트에 내려놓아야 한다. 마지막에 골반이 무겁게 바닥에 닿았을 때 비로소 동작이 완성된다.

하지만 초보자들에게는 마무리가 어렵기만 하다. 몸의 중심부를 한껏 끌어올려놓았기 때문에 할 일은 이미 다했다고 생각하는 것이다. 집중력이 현저히 떨어진 나머지 급격히 무너져버리고 만다. 몸을 바닥에 털썩 한 번에 내려놓거나 기껏해야 가슴, 배, 골반의 세 단계로만 분절하는 정도다. 마지막 단계가 브리지 동작의 화룡점정임을 알지 못한다.

협상도 마찬가지다. 마무리가 좋아야 비로소 모든 게 완성되는 법. 그렇다면 협상의 마무리는 어떻게 하는 것이 좋을까?

나는 조건이 거의 다 조율되어 함께 승리의 깃발을 꽂으려 할 때, 바로 그때 깃발을 숨겨버린다. 마지막까지 상대방에게 긴장감을 한 번 더 주는 것이다. '이제 다 되었다' 싶을 때 다시 한 번 조건을 올려보도록 시도하거나, 최종안에 대해 쉽게 확정 의사를 내비치지 않으며 시간을 끌기도 한다.

아니, 쿨 하게 마무리 짓지 못하고 왜 그렇게 마지막까지 질척대느냐고?

이유는 따로 있다. 바로 상대방에게 승리감을 심어주기 위해서다. 상대방 입장에서 보면 우리의 마지노선에 가장 근접한 계약을 했을 때가 가장 잘된 협상이다. 그것이 우리가 양보할 수 있는 최후 방어선이기 때문이다. 따라서 우리가 최종 확정을 쉽게 짓지 못하고 막판까지 조율하려는 모습에 상대방은 '아, 이 조건에 만족하지 못하는구나. 이 금액이 마지노선인가 보네. 그렇다면 우리로서는 이쯤에서 계약하는 것이 최선이겠는걸?'이라고 생각할 것이다.

반대로 최종안에 대해 급격히 좋아하는 낯빛을 보이거나 일말의 고민 없이 덥석 물어버린다면 상대방은 오히려 찝찝한 기분에 사로잡힌다. '앗, 금액을 더 낮출 걸 그랬나. 그래도 상대방이 수락했을 텐데.' 하며 결과에 만족하지 못하고 열패감을 느낄 것이다.

따라서 마지막까지 긴장을 늦추지 않고 한 템포 멈추거나 장애물을 두는 이유는 바로 상대방에게 승리감을 심어주기 위해서다. 만약 운 좋게 상대방이 우리 요구에 승낙까지 한다면 더할 나위 없고 말이다.

또한 최종 타결이 되고 나서도 상대방의 협상 능력과 이번 결과에 대해 말로서 격려하고 칭찬하는 것도 잊지 말아야 한다. "당신과 좋은 파트너십을 맺기 바라는 마음에서 마지막에 어렵게 양보할 수 있었다. 당신의 협상 능력은 탁월하다. 함께 일할 수 있어서 즐거웠고 좋은 결과를 만들 수 있도록 협조해주셔서 감사하다. 앞으로도 좋은 파트너가 되었으면 좋겠다."라며 상대방에게 공을 돌리도록 한다.

그렇다면 이렇게 상대방에게 공을 돌리고 승리감을 심어주어야

방송국에서 드라마 파는 여자

하는 이유는 무엇일까?

거래는 일회성이 아니기 때문이다. 우리와의 협상 결과가 만족스러워야 상대방은 우리를 다시 찾을 것이다. 매번 자신을 착취하려는 사람과 파트너가 되려는 사람은 없다. 사람들은 자신이 승리했던 경험을 되돌아볼 수밖에 없고 자신을 높여주는 사람을 찾기 마련이다. 사실 상대의 합의가 없었으면 거래를 하지 못했을 것 아닌가! 그것만으로도 감사할 일이고 감사를 표현해야 할 일이다.

모든 일은 마무리가 중요하다. 과정도 물론 중요하지만 끝이 좋으면 과정은 다소 미화되는 경향이 있다. 이번 거래를 통해 '배려받았다'고 느낀 상대방은 '호의의 반보성' 법칙에 따라 우리와 다시 거래를 함으로써 호의를 되돌려주려 할 것이다. 이러한 호의가 번갈아 쌓이고 반복되면서 서로 간의 굳건한 파트너십이 탄생한다. 이것이 바로 협상에서 '윈윈'이 작동하는 방식이다.

뒷모습이 아름다운 사람은 다른 사람에게 여운을 남긴다. 사람뿐만이 아니다. 협상 또한 뒷모습에서 향기가 나야 한다. 그래야만 앞으로 상대방과 나아갈 길이 꽃길이 될 것이다.

32
Next Step을 향하여

이제 협상은 다 끝났다. 계약서에 날인을 완료하는 것으로 거래는 마무리되었다. 모든 과정을 잘 마칠 수 있어 뿌듯한 마음이 든다.

하지만 끝은 또 다른 시작을 의미한다. 우리는 이제 파트너로서 첫 걸음을 떼었을 뿐이다. 앞으로 할 일은 거래가 일회성으로 끝나지 않도록 상대방과 지속적인 '파트너십'을 유지하는 것이다.

앞서 언급했듯 글로벌사업부에 처음 발령받고 맡게 된 지역은 '신시장'이었다. 우크라이나, 러시아 등의 CIS 국가들과 터키, 오세아니아 지역을 담당하며 어느덧 한 마리의 '공작새'가 되어 있었다. 공작새의 작은 날갯짓이 언젠가 태풍을 불러오기를 기대하며 나의 서비스 정신은 나날이 늘어만 갔다. 한번은 예전 인사부장님이시자 당시 사업부문 본부장님께서 구매자들을 상대하는 내 모습을 보시고는

180도 달라진 모습에 깜짝 놀라신 적도 있다. 이전 인사부에서 근무할 때 지녔던 꼿꼿하고 사무적인 모습이 온데간데없이 사라졌기 때문이다.

그렇게 1년여를 보내고 나서 한류 주요 무대인 동남아시아 담당자가 되었다. 신시장을 담당하며 익혔던 '서비스 마인드'도 그대로 탑재한 채 말이다. 어느 순간 내 안에 자연스럽게 스며든 까닭이었다.

그러자 예상보다 더 큰일들이 벌어졌다. 공작새의 날갯짓이 여기저기서 작은 바람들을 불러일으킨 것이다. 동남아 시장은 한류가 인기 있었기 때문에 굳이 공작새 전략을 펼치지 않아도 판매가 어느 정도 유지된다는 사실을 나중에야 알 수 있었다. 하지만 처음에는 잘 인지하지 못한 탓에 그냥 신시장에서의 태도를 쭉 유지했을 뿐인데 덕분에 구매자들에게 인기를 얻게 된 것이다. 마켓이 한 번 열리면 구매자들로부터 받은 기념품에 둘러싸여 행복한 비명을 지르곤 했다. 덕분에 매출도 쑥쑥 올라갔다.

거래가 끝나고 나서도 마찬가지다. 서로 멀리 떨어져 있는 까닭에 SNS를 통해 소식을 주고받고 안부 인사를 전하며 좋은 콘텐츠가 나올 때마다 잊지 않고 자료를 보내주는 등 파트너십을 지속적으로 유지하는 것도 잊지 않았다.

이전에 먼저 한류 불모지에서 상대방과 파트너십을 만들어내고 유지하는 방법에 대해 고민해볼 수 있었던 것이 신의 한 수였다.

이렇듯 상대방과 파트너십을 만들고 그것을 유지하려는 태도는 매우 중요하다. 특히 거래가 완료된 후에는 관계 유지에 자칫 소홀해질 수 있기 때문에 의식적으로라도 신경을 쓰지 않으면 안 된다. 파트너십을 유지하는 것이 협상의 마무리이자 또 다른 출발점이라는 사실을 잊지 않았으면 좋겠다.

거래는 끝났을지라도 상대방을 생각하는 마음 씀씀이, 상대의 욕구를 파악하고 채워주려는 노력, 파트너로서 새로운 청사진을 제시하는 일 등 우리가 할 일은 여전히 많이 남아 있다.

이러한 움직임이 언제 어떻게 무슨 결과를 가져올지는 아무도 모른다. 하지만 이것만은 분명하다. 나비의 움직임이 언젠가 태풍을 몰고 오듯 우리의 크고 작은 노력이 언젠가는 어떤 방식으로든 결실을 맺을 거라는 사실 말이다.

자, 이것으로 32장에 걸쳐 협상에서 상대방의 감정을 건드리는 방법에 대해 모두 알아보았다.

결론을 다시 한 번 언급하며 마지막 장을 마무리하고자 한다. 사람은 사실(fact)보다는 감정에 이끌리고 의식보다는 무의식의 영향을 받는 존재다. 협상을 할 때는 상대방의 '감정'을 건드리는 것이 중요하다는 사실을 기억하자. 그것만 잘해도 당신의 협상은 성공이다!

방송국에서 드라마 파는 여자

"인간 의식의 95%는 무의식이 차지하고, 나머지 5%만이 의식적으로 일어난다."

- 하버드 대학 제럴드 잘트만 교수

송 차장은 모든 이야기를 마친다. 시계를 보니 벌써 밤 12시다. 이번에도 구매자 앞에서 꾸벅꾸벅 졸아 '한국의 진상녀'로 기억되는 일은 없어야 할 것이다.

후배를 바라본다. 엄마만 쳐다보던 아기 새 같던 눈빛은 사라지고 어느 새 자신감에 가득 찬 협상가의 눈으로 변해있다. 자, 이제 된 것 같다.

송 차장은 거울을 통해 자신의 모습을 비추어본다. 왠지 뿌듯하다. 마켓을 하루 앞둔 상황에서 느껴지는 긴장감 때문만은 아닐 것이다. 문득 더 많은 사람들에게 이야기를 들려주어 겨자씨만 한 도움이라도 될 수 있다면 때론 힘들기도 했던 지난 시간들이 의미가 있을 거란 생각이 든다.

미팅 때 가져갈 준비물을 다시 한 번 점검한다. 모든 것이 준비된 상태다. 내일부터는 실전이다. 침대에 누워 예정된 미팅 하나를 머릿속으로 시뮬레이션 해보다 잠이 든다.

다음날 아침, 요란한 휴대폰 알람 소리에 눈이 번쩍 떠진다. 송 차장은 중요한 날에는 알람을 3개나 맞춰 둔다. 그리고 소리를 최대한 키우고 귀 옆에 바짝 두고 잔다. 아침에 알람이 울리면 귀는 무방비 상태로 공격을 받는 터라 심장까지 쿵 내려앉는 느낌이다.

샤워를 마치고 화장을 하기 시작한다. 퍼스널 컬러 진단을 받아본 결과 송 차장에게는 '연보랏빛'이 잘 어울린다고 한다. 연보랏빛 아이 섀도를 살짝 눈 위 두덩에 발라준다. 눈은 마음의 창이라고 하니 계약을 향한 연보랏빛 마음이 상대에게도 가닿는다면 좋겠다. 다행히 어제는 불을 끄고 자서 멜라토닌의 직격탄을 받은 덕에 숙면을 취한 것 같다. 오후가 되어 다크서클로 인해 연보랏빛 섀도가 멍든 눈처럼 보일 일은 없을 것이다.

정장을 꺼내 구겨지지 않도록 조심스레 입은 뒤 머리를 매만진다. 마지막으로 또각 구두를 신고 양 손에는 준비물이 한 아름 담긴 종이 가방을 들고 방을 나선다.

로비에 도착하니 역시나 책임감 충만한 주무자가 가장 먼저 나와 있다. 막내는 긴장감에 잠을 설쳤는지 저기서 헐레벌떡 뛰어온다. 그러고 나서 '센스 있는' 부장님이 여유롭게 걸어오신다.

하나, 둘, 셋, 넷 인원 점검을 마친 뒤 다 같이 행사장인 '팔레 드 페스티벌(Palais des festivals)'로 향한다. 이번에는 부스 위치까지 손쉽게 직진한다. 부스는 어제 준비를 마쳤던 깔끔하고 정돈된 모습 그대로 일행을 맞이한다. 일행은 각자 테이블을 하나씩 차지하고 앉아서 미팅 준비를 시작한다.

송 차장은 노트북을 열어 자료가 담긴 USB를 꽂는다. 오늘 일정이 적힌 표를 화면에 띄워두고, 미팅 내용을 기록하기 위한 메모장도 열어둔다. 그리고 주로 홍보할 콘텐츠들의 브로슈어와 스크리너(방송 1회차 DVD)를 찾아서 옆에 쌓아둔다. 마지막으로 기념품을 구매자 수에 맞추어 꺼내놓는다.

문득 고개를 들어 복도 쪽을 바라보니 필리핀의 B사와 M사 담당자들이 서로를 투명인간 바라보듯 하며 휙 지나치고 있다.

드디어 행사 시작 시간인 10시다. 첫 미팅은 언제나와 같이 미소천사 M이다. 저기 미소천사가 나에게 줄 기념품을 한 아름 안고 만면에 미소를 띠며 걸어온다. 송 차장은 자리에서 일어나 그녀를 반갑게 맞이하고 가볍게 포옹하며 인사를 건넨다.

"How are you doing? You look good today!"

자, 오늘 미팅이 시작되었다!

방송국에서 드라마 파는 여자

참고 문헌

1. 스튜어트 다이아몬드, 《어떻게 원하는 것을 얻는가》, 8.0(에이트 포인트), P47

2. 최승목, 《성경에서 심리학을 읽다》, 아이러브처치, P14~15

3. 로베르트 발저, 《산책자》, 한겨레출판사, P50~56, 74

4. 무라카미 하루키, 《기사단장 죽이기》, 문학동네, P27

5. 조지 버나드 쇼, 《피그말리온》, 열린책들, P181, 182

6. 파울로 코엘료, 《아처》, 문학동네, P113

7. 김언수, 《설계자들》, 문학동네, P302, 385

8. 이창훈, 《글로벌 미디어 공룡들의 전쟁》, 넥서스BIZ, P20~21, 25

9. 마키아벨리, 《군주론》, 까치, P124

10. 존 그레이, 《화성에서 온 남자 금성에서 온 여자》, 동녘라이프, P205

11. 오명호, 《협상이 이렇게 유용할 줄이야》, 애드앤미디어, P155, 192, 195, 197

12. 조정래, 《정글만리》, 해냄출판사, P19, 48

13. 박영만, 김용우, 《국민성 풍자 유머 지구촌 천태만상》, 프리월, P120

14. 니코스 카잔차키스, 《그리스인 조르바》, 열린책들, P54, 177

15. 애덤 그랜트, 《기브앤테이크》, 생각연구소, P20~22

방송국에서 드라마 파는 여자